职业教育旅游专业教学用书

旅游心理学

陈 波 雷 鸣 主 编
叶琳利 李铁峰 副主编

电子工业出版社.
Publishing House of Electronics Industry
北京·BEIJING

内 容 简 介

本书主要内容包括初识心理学、旅游行为中的心理分析、旅游组织中的心理分析。本书在编写过程中，大量采用心理学测试及实际工作的案例来激发学生的学习兴趣，目的是让学生能按"学中做，做中学"的理念来学习掌握旅游心理学的相关知识。

本书既可作为中等职业学校旅游、酒店专业基础课教学用书，也可作为旅游爱好者的阅读资料。

本书还配有电子教学参考资料包（包括教学指南、电子教案、习题答案），详见前言。

图书在版编目（CIP）数据

旅游心理学 / 陈波，雷鸣主编. —北京：电子工业出版社，2014.1

职业教育旅游专业教学用书

ISBN 978-7-121-22003-6

Ⅰ. ①旅… Ⅱ. ①陈… ②雷… Ⅲ. ①旅游心理学－中等专业学校－教材 Ⅳ. ①F590

中国版本图书馆 CIP 数据核字（2013）第 281732 号

策划编辑：徐 玲
责任编辑：夏平飞 文字编辑：张岩雨
印 刷：河北虎彩印刷有限公司
装 订：河北虎彩印刷有限公司
出版发行：电子工业出版社
　　　　　北京市海淀区万寿路 173 信箱 邮编 100036
开 本：787×1092 1/16 印张：10.25 字数：262.4 千字
版 次：2014 年 1 月第 1 版
印 次：2025 年 8 月第 11 次印刷
定 价：27.00 元

凡所购买电子工业出版社图书有缺损问题，请向购买书店调换。若书店售缺，请与本社发行部联系，联系及邮购电话：(010) 88254888，88258888。

质量投诉请发邮件至 zlts@phei.com.cn，盗版侵权举报请发邮件至 dbqq@phei.com.cn。

本书咨询联系方式：xuling@phei.com.cn。

前 言

　　旅游心理学是研究旅游活动中人的行为规律的科学，它是心理学的一个分支。其特点是运用心理学的方法，来分析和解决旅游消费、旅游服务、旅游管理中的心理问题。本教材旨在使学生掌握心理学的基本知识，并培养学生运用这些知识分析实际的旅游行为的能力。

　　本教材由三个模块构成，模块一：初识心理学；模块二：旅游组织中的心理分析；模块三：旅游行为中的心理分析。

　　在模块一中，本教材从心理认知过程、个性心理特征、个性倾向三个方面引导学生学习心理学的基础知识，并有大量浅显、短小的心理测试来提高学生学习的趣味性，做到寓教于乐、寓学于乐，让学生在快乐的学习中掌握心理学的基础知识。考虑到中职学生在旅游工作中的实际需要，本教材未对旅游管理心理学进行过多的论述。仅在模块二中对旅游组织中的人际关系、旅游组织管理两个方面进行了简单的描述。模块三是本书的重点内容，因此本书将模块三细分为旅游者的个性心理特征，旅游活动中的人际交往，旅游者的需要、动机、兴趣，旅游服务心理，旅游服务沟通五个章节。这一部分的重点是让学生掌握怎样做到尊重服务，怎样实现优质服务，并能结合有关原理对旅游实际工作中的种种现象进行心理学的分析。

　　本教材在编写过程中注重突出以下特点：

　　第一，实用性。心理学知识是较抽象的，学生常感到理解难、掌握难，运用于工作实际更难。本教材在简明扼要讲清楚心理学理论的前提下，配以较多的案例和思考题，有利于学生在掌握理论知识的基础上学以致用。

　　第二，系统性。本教材的三个部分主要内容在知识结构上存在着密切的逻辑联系，避免了过去一些教材断章取义、杂乱拼凑的不足。

　　第三，适用性。参加本书编写的教师，均为中等职业学校旅游专业第一线的教师，多年从事旅游心理学的教学工作，有着扎实的理论基础和丰富的教学经验。

　　本书由武汉市旅游学校陈波、雷鸣担任主编。江西省玉山县职业中专叶琳利、淄博市博山第一职业中等专业学校李铁峰担任副主编。参加编写的人员及其负责编写的章节分别为：第1章，王骏三（安徽旅游学校）；第2章，雷鸣、叶琳利；第3章，雷鸣、陈波；第4章，王骏三、陈波；第5章，何媚、张宁（西宁市第一职业技术学校）；第6章王奕、江筠（西宁市第一职业技术学校）；第7章，诸葛琼、钟菊（桂林市阳朔县教育局）；第8章，陈波、梁亚杰、姚建侠（河北省承德县职教中心）；第9章，梁会伟（武汉市交通学校）；第10章，李铁峰；第11章，高丹（淄博市博山第一职业中等专业学校）。陈波负责全书的统稿工作。在编写过程中，本书还得到了武汉市旅游学校、西宁市第一职业技术学校等单位领导的关心和支持，在此表示衷心的感谢。

由于时间和水平有限，本书中如有错误和疏漏在所难免，希望得到广大读者的批评指正。

为了方便教师教学，本书还配有电子教案、教学指南及习题答案（电子版），请有此需要的教师登录华信教育资源网（www.hxedu.com.cn）下载或与电子工业出版社联系，我们将免费提供（E-mail:hxedu@phei.com.cn）。

主　编

目　录

模块一　初识心理学

模块二　旅游行为中的心理分析

模块一　初识心理学

第1章

心理学、旅游心理学概述

知识要点

- ❖ 掌握心理学研究对象及心理学的性质，并会正确运用。
- ❖ 了解学习心理学的意义及其基本研究方法，并会运用方法分析某些心理现象。
- ❖ 掌握旅游心理学的概念及其对发展旅游业的重要作用。

课堂训练

心理小测试：你的心情怎么样？

当你心情好的时候，能看到少女的脸；心情坏的时候，能看到巫婆的脸。

为什么在面对同一幅图时，若心情不同就会看到不同的图案呢？因为，当个体心情好的时候，心中会预设自己看到的是美好事物，并且个体会从光明处（图中白色部分）一步步勾勒识别图案。而当心情不好时，个体的心中就会预设自己看到的事物是不美好的，而在识别图像方面会从阴暗处（图中黑色部分）勾勒图案。这一现象，现代心理学解释为：面对一件事，人们总是看到自己希望看到的。

什么是心理学？

案例 1-1

狐狸与葡萄

有一个关于《狐狸与葡萄》的故事，故事中的狐狸本来是很想得到已经熟透了的葡萄的，它跳起来，未够着，又跳起来，再跳起来……想吃葡萄却跳得不够高，这反映出的是一种"挫折"或"心理压力"。倘若狐狸是一个劲儿地跳，就是累死也还是跳不到那葡萄的高度。于是，狐狸说："这葡萄是酸的。"言外之意是那葡萄不能吃。这样，狐狸也就能"心安理得"地走开，去寻找其他好吃的食物去了。故事中狐狸的心理向我们说明了什么？

案例分析：故事中的狐狸在遇到"挫折"或"心理压力"时，采取消极方法以取得自己的"心理平衡"。现实中，人又何尝不是如此呢？有些人在"挫折"或"心理压力"面前，不也是如故事中的狐狸一样来获取"心理平衡"吗？这种"心理平衡"方法其实是对期望值的降低。因为，倘若葡萄是甜的，狐狸的期望值就较高，而当其不能摘到葡萄时的失望值也就越大。反之，失望值就会降低。当然，在某些情况下，这样做确实也有着实际的意义和作用。例如，当人们认为自己对所面临的压力已经是无能为力的时候，也不妨采用这种应付方式，以免走向极端。由此可见，在面对相同情景时，心理调节的不同会使个体获得不同的心理感受。

1.1　心理学的研究对象、性质、意义和研究方法

1.1.1　心理学的研究对象

1. 心理学的概念

心理学是研究人的心理现象发生、发展的规律的科学。心理学通常把心理现象划分为心理过程和个性心理两大类。

作为一门研究人的心理活动的学问，要做好与人打交道的工作，就必须学习这门学问。人的心理活动是世界上最复杂的现象之一。但无论如何复杂，就其实质来说，都是人脑对客观现实能动的反映。脑是心理的器官，但脑也不能凭空产生心理：没有闻到梅花，不会有梅香之感；没有听到琴声，也不会感到悦耳；没有遇到乐事，不会有欢愉之情。有什么样的客观现实作用于我们，我们就会产生什么样的与之相应的心理。在不同环境中长大的小孩，会形成不同的心理特征，一些由动物哺养长大的小孩，还会形成与该动物相似的心理。所以研究人的心理，不能脱离其所处的环境，如家庭环境、学校环境、社会环境等。

2. 心理现象

人们通常从心理过程和个性心理两方面来研究心理现象，其中心理过程探讨的是人的心理的共同性，个性心理探讨的是人的心理的差异性。心理现象是心理过程和个性心理的统一体。

（一）心理过程

心理过程是指人的心理活动发生、发展的过程，具体而言，是指在客观事物作用下，在一定时间内大脑反映客观现实的过程。它包括认识过程、情感过程和意志过程。

（1）认识过程包括感觉、知觉、记忆、想象、思维，其核心是思维。

（2）情感过程是人在认识事物时产生的各种内心体验，如喜、怒、哀、惧等。

（3）意志过程是人在活动中为了实现某一目的对自己行为的自觉组织和自我调节。

认识过程、情感过程和意志过程是统一的整体，它们相互联系、相互制约、相互渗透。

认识过程和情感过程之间的关系：首先，认识过程是产生情感的基础。情感是在认识的基础上产生的，并随着认识过程的深化而不断变化发展。其次，情感过程也反作用于认识过程。情感过程既可以提高认识活动的效率，起到积极作用；也可以降低认识活动的效率，起到消极作用。

认识过程和意志过程之间的关系：首先，认识过程是意志过程的前提。在意志活动行动

中，目的的确定、人们为实现目的而采取的方法和手段、意志决定的执行都依赖于认识过程。其次，意志过程影响人的认识过程。意志使人在认识过程中更具有目的性和方向性，不断克服苦难，使认识更加深入。

情感过程和意志过程之间的关系：首先，意志行动总伴随着情感。情感既可以成为意志行动的动力，也可以成为意志行动的阻力。其次，意志也可以影响情感，使人的情感服从于人的理智的认识。

总之，认识、情感、意志是密切联系、彼此渗透的，三者共同构成了人的心理过程。

（二）个性心理

个性是一个人的心理过程的发展和他的遗传特性、社会关系、生活经验和个人经验相结合，最终而整合成的一个人总的精神面貌。个性并不是在短时间内形成的，而是个体的心理在不断发展过程中达到一定程度而形成的。个性心理形成以后，人们便会在自己的行为中表现出完整的、稳定的特征，包括能力、气质、性格等。

心理过程和个性心理是不可分割的。心理过程是个性心理形成的基础，而个性心理一旦形成又直接影响着心理过程。心理过程和个性心理共同构成心理学的研究对象。

正如德国心理学家艾宾浩斯所说的：心理学有一个很长的过去，但仅有一个短期的历史。人类探索心理现象已有两千多年的历史，它一直包含在哲学的母体中。公元4世纪古希腊哲学家亚里士多德的《灵魂论》就论述了人类的各种心理现象，被认为是西方心理学史上第一部论述心理学思想的著作。直到1879年，德国心理学家冯特在莱比锡大学创办了世界上第一个心理学实验室，标志着心理学从哲学中分离出来，成为一门独立的学科。冯特因此被称为"心理学之父"。

讨论

婴儿时被狼叼走并在狼群中长大的"狼孩"，虽然具有人脑的特征和人体的外形，但是不会说话，不爱劳动，只会像狼一样地爬行、嚎叫、吃生肉。这一事实说明了什么问题？

1.1.2 心理学的性质

一门科学的性质，应该决定于其研究对象的性质。大家都普遍承认，心理学是最直接研究人的科学，人兼有自然属性和社会属性。人自形成之日起，就受自然因素、遗传因素的影响。这种自然属性，无论人们承认与否，一一数量关系总是存在的，而这些数量关系也是完全可以测量的。所以有可能也有必要对这种自然属性进行物理性质的研究和实验，也应当重视实验研究和测验研究。然而，人的本质在于人的社会属性，这是人有别于其他动物的地方。人从出生起，就脱胎于社会，具有更多的社会属性。社会认知、社会印象、社会态度、社会群体、社会角色意识、民族性格无不作用于人；社会变迁、传统文化的沉淀、民族心理的嬗变也在个体的内外世界留下深刻的印象。人不仅是社会历史的产物，而且是社会文化的产物。人作为有别于其他动物的生物体，最重要的区别在于人是社会文化的创造者与被创造者。人创造了社会文化，社会文化又作用于人，塑造着人，"文化对每个人的塑造的力量很大"，"这个塑造过程很自然，就像文化本身一样，也许全然不知不觉地，但却是无可指责的"。是社会当中人的精神、文化的发展塑造了人的心理，而人的心理中所烙上的社会印痕和蕴含的丰富的人文精神，决定了作为研究人的心理的心理学的人文科学性质。

人在社会中所塑造成的历史的、文化的心理，在一定程度上是难以进行定量分析的，仅用一些实验或测验也是鞭长莫及的。心理学研究对象的丰富性、复杂性、变化性等，均要求心理学研究者不能把思想的脚步停留在纯粹的心理现象领域，而是要走向更广阔的社会空间，贴近历史，涉猎于人的本能、历史、民族文化等领域。而仅以实验或统计的方法线条式或平面式地研究心理学，已无法满足当前心理学发展的需要。仅限于实验或实验的总结（其或有些研究者缺乏应有的背景知识或专业知识指导，对实验结果无法解释），停留于白描水平，必然使心理学的研究停滞于敲敲打打、松散无序的状态，缺少内在的联系，缺少应有的理论水平。

综上所述，从研究对象的主要性质而不是从研究方法上讲，心理学应属于人文科学，而不属于自然科学。但这并不意味着对自然科学方法的遗弃。恰恰相反，一切有利于心理学发展的方法都可以大胆采用，因为无论是人文科学，还是自然科学，向人类统一的和确定的知识探索的任务仍然是一样的。而自然科学的方法在这一点上有着无可比拟的优势。

知识拓展

心理学作为一门科学，是从1879年德国学者冯特（W.Wundt, 1832—1920）受到自然科学的影响，建立心理实验室，使之脱离思辨性哲学成为一门独立学科开始的。衡量某一学科是否属于科学范畴，主要看其运用的是否是科学的方法，并且是否达到了几个重要标准。科学的方法主要包括系统观察和直接实验，重要的标准包括：

（1）客观性——对信息的选取是取决于信息本身而非研究者的个人偏好；

（2）准确性——尽可能准确和精确地搜集信息；

（3）可检验性——任何结论都是在多次的检验之后得出的，排除了所有的不一致性。

在心理学研究行为和心理活动规律的过程中，心理学家主要依赖科学的方法，并且严格地遵循科学的标准，所以说心理学是一门科学。从科学的分类上讲，心理学有它的独特性。因为心理活动在头脑中产生，必然受生物学规律的支配；同时人是物种发展中最高等的社会性生物，一切活动又都不能摆脱社会、文化方面的影响，具有社会科学性质。所以心理学兼有自然科学和社会科学的双重性质。

1.1.3　心理学研究的意义

心理学可以正确地揭示心理现象的规律，它具有重要的理论意义和实践意义。

1. 理论意义

从理论角度看，对于心理现象的本质和起源，心理学研究起到正确的解释作用。哲学的一个基本问题便是意识与物质、思维与存在的关系问题。唯物主义哲学家认为物质是第一性的，精神是第二性的。辩证唯物主义则认为精神和意识是高度组织起来的物质，是客观现实在人脑中的反映。意识和脑的物质活动有不可分割的联系，同时也为辩证唯物主义哲学提供了自然科学基础。心理学的理论意义可以科学地解释心理现象，对破除迷信，形成科学的世界观和人生观是有重要作用的。

2. 实践意义

从实践角度看，心理学能够帮助人们运用所揭露的心理规律去预测和控制心理现象的发生和进行，从而为人类不同领域的实际服务，提高活动效率。例如，学校应遵循学生品德形成的规律，努力提高学生的道德认识，发展道德情感和道德意志，培养正确的道德行为。婴儿早期通过情绪来传递信息，表达自己的需要，获得成人的关心。劳动者可以根据噪声对身心的危害，对噪声加以控制，对环境加以改造等。总之，现代心理学是一门有重要实践意义的学科，它和人类生活的各个领域都有密切的关系。

动脑筋
从成功和失败两方面各举一例说明在一个人的经验教训中心理因素是个主要问题。

1.1.4 心理学基本的研究方法

1. 观察法

观察法是在自然情境中对人的行为进行有目的、有计划地系统观察并记录，然后对所有记录进行分析，以期发现心理活动变化和发展规律的方法。例如，对灵长类动物行为和它们的社会群居组织方式的研究，通过有计划的自然现场观察，可以得到珍贵的资料，这些资料是无法在实验室安排的条件下进行的。又如，幼儿的社会交往类型或道德行为特征，或母亲—婴儿间感情交往的发生和发展，为了不受实验室人为条件的影响，也常常是在自然生活条件下进行观察。

观察的进行也要有严格的计划。尤其是对某一过程的变化情况的了解，或对心理某一方面的发展情况的研究，要在一定的时间间隔之内，有计划地、连续地进行观察记录，以便积累资料，进行比较和分析，从而求得可靠的结果。

2. 实验法

实验法是在控制条件下对某种行为或者心理现象进行观察的方法。实验法可分为实验室实验和自然实验两种。自然实验法是对在日常生活中，通过适当控制条件所引起的某些心理现象进行研究的方法。自然实验法是普通心理学研究各种心理过程和个别心理差异的有效方法，也是儿童心理学、教育心理学常用的研究方法。实验室实验法是在专门的实验室内，运用一定的仪器来研究心理现象的方法。这种方法，一般多用于对心理过程及其生理机制的研究，如注意的范围、知觉的速度、思维过程的脑电变化、情感状态的心脑血管活动的变化等。

3. 调查法

调查法是就某一问题要求被调查者回答自己的想法或做法，以此来分析、推测群体的态度和心理特征的研究方法。如采用问卷、谈话、活动产品分析等方式。问卷法是通过被试者书面回答一定的问题，研究其心理现象的方法。谈话法是通过与被试者有目的、有计划地交谈，了解其心理特点的方法。产品分析法是通过对被试者的活动产品的分析，研究其心理特点的方法。

4. 测验法

使用特定的量表为工具，对个体的心理特征进行间接了解并作出量化结论的研究方法。测验法也是被广泛使用的心理学研究方法，它与实验法与观察法均不相同。如果说实验法是用来通过控制条件以求得确切的心理事实材料，使用于更多地属于心理学的自然科学方面的研究。那么，测验法常常是用来研究那些难以确定自变量和因变量关系的，更多地使用于复杂的心理社会方面的研究。

上述四种研究方法都有各自独特的优点，但也都有局限性。由于人的心理活动非常复杂，因此研究人的心理现象不能采用某一种方法，而应该根据研究课题的需要，灵活地选用几种方法，使之共同发挥作用、相互补充，以便收到更准确的效果。

什么是旅游心理学？

1.2　旅游心理学的研究对象、学习意义及其研究任务

1.2.1　旅游心理学的研究对象

案例 1-2

长城脚下的尴尬一幕

来自美国的约翰先生已 60 多岁了，此行是与中国的 W 公司进行业务交流。一天，他提出想要攀登著名的万里长城。W 公司特意聘请某旅行社的年轻导游小王陪同。在八达岭景区，因为考虑到约翰先生已年过六旬，小王就非常殷勤地进行搀扶。没想约翰先生大为不快，他不客气地说："王先生，如果我没有能力自己登上长城，我今天就不会到这里来的！"

案例分析：小王的服务态度确实是"好的"，可为什么令约翰先生不满呢？其实，服务工作能否让游客满意，并不在于你的服务是否热情、周到，而在于你所提供的服务是否符合游客的需要。尊老爱幼是中华民族的传统美德，但在实际应用中要符合别国国情。对于一个美国老人而言，他需要的不是"尊老"，而是对其健康的肯定。不同文化背景下的旅游者，心理面貌必然存在着差异，对服务会有不同的要求，我们只有首先对游客心理加以了解，才能谈得上向其提供有效的服务。

1．旅游者心理

旅游心理学是运用心理学的分析方法和研究成果，着重研究旅游者在旅游活动中的心理和行为及其规律。旅游者是旅游服务中的服务对象，凡是从事旅游行业的工作人员都应该熟悉了解他们的心理。由于每次旅游活动的时间是有限的，我们不可能对旅游者有深入的了解，更难以用心理实验的手段对旅游者心理进行定量分析。但旅游心理学所揭示的这些规律却可以帮助我们从一般推测个别，从外表推测内心，便于在工作实践中不断积累经验，做到理论与实践相结合，很好地研究并掌握旅游者的心理特点。

2．旅游工作者心理

（1）服务人员心理

服务人员心理研究包括前厅、客房、餐厅服务员，商场售货员，导游陪同，景区景点讲解人员，旅游汽车司机与乘务员，厨房与娱乐场工作人员在内的从事具体工作的服务人员的心理活动特点、应具备的心理品质，以及怎样锻炼和培养良好心理品质的途径和方法等。

（2）管理者心理

管理者心理研究包括总经理、部门经理等在内的从事管理工作的人员的心理活动特点、应具备的心理品质，并研究旅游企业管理中若干心理学问题。

3．旅游服务心理

旅游业对旅游者的服务不是抽象的，而是通过导游、前厅、客房、餐厅、商场等具体环节实现的。提供优质服务是旅游业的宗旨，因此必须研究旅游者在游览过程中，在前厅、客房、餐厅、商场等场所的心理特点，以及我们应采取相应的心理服务措施。

4．旅游设施中的心理学问题

从分析旅游者对旅游设施建造的需求入手，研究旅游者的感知觉规律与旅游设施，旅游者的注意、兴趣、想象与旅游设施，以及旅游标志、宣传广告与旅游设施等问题。研究怎样运用心理学原理精心考虑和安排旅游设施，使旅游者更舒适、更愉快。

5．旅游管理工作中的心理学问题

旅游心理学虽不专门研究管理，但它的研究内容涉及管理。管理者的心理品质如何，管理工作怎样更符合旅游者的需要等一系列管理工作中的心理学问题，都是旅游心理学的研究对象。

旅游活动所涉及的人主要包括现实的旅游者、潜在的旅游者及旅游业中各个领域中的从业人员，这些人在旅游活动中各自都有不同的心理活动，都可以表现出不同的行为。在旅游活动中，旅游者与"旅游产品"之间，旅游服务人员与旅游服务人员之间，旅游服务人员与旅游企业管理人员之间时时刻刻都有着接触和联系，这些相互之间的接触和人际关系的发生取决于各自的心理活动。旅游心理学既研究在旅游活动中这些人的心理活动规律，又研究在旅游活动中这些人的行为规律。心理活动和行为是密不可分的，心理支配行为，而行为又反映心理。

课外实践

旅游设施是旅游者赖以休息、娱乐的物质条件，请利用休息日，调查游客对旅游设施的知觉，并分析由此对他们的旅游行为和消费动机所造成的影响。

1.2.2　学习旅游心理学的意义

旅游心理学以与旅游有关的人的心理活动为研究对象。学习旅游心理学有助于我们掌握旅游者的心理，针对他们的心理提供服务、建立设施、改进管理。这样有的放矢，能有效提高服务质量和管理水平，使设施设备发挥更大作用。旅游工作者要接待各种各样的人，有中国人也有外国人，有外籍华人和华侨，有港澳同胞，他们分属于不同国家或地区，有不同的民族风格或生活习惯。他们的兴趣爱好、性格气质，需要动机都不尽相同，只有认真研究，把握他们的心理活动特点和规律，才能恰如其分地为他们提供适合他们各种特点的服务，让他们感到满意。

另外，学习旅游心理学可以帮助我们正确认识自己，提高个人修养水平、完善自我、超越自我，做自己的主人。古人说："知己知彼，百战不殆。"学习和研究旅游心理学使我们能正确认识别人，正确认识自己，进而正确对待别人，正确对待自己，树立辩证唯物主义世界观。所以，我们应努力学好这门功课。

旅游心理学作为一门研究人的科学，寻找旅游活动中人们心理动向的规律、旅游服务工作的规律，因而它的价值及其对发展旅游业的意义都是不能低估的。

讨论

我国的旅游业虽起步甚晚，但发展异常迅速。一座座现代化酒店、娱乐场所拔地而起。而仅凭先进的硬件设施，是否能充分满足旅游者的需要？请运用旅游心理学分析如何使旅游业提供的服务尽善尽美。

1.2.3　旅游心理学的研究任务

1．叙述、解释旅游心理活动

在旅游活动中，旅游者与旅游工作者的心理活动究竟怎么样，要科学地叙述、解释清楚，并不是一件轻而易举的事。然而，学习了旅游心理学，就可逐步做到使用健康准确的语言、丰富生动的词汇，以及图表、数字、公式等，使旅游心理活动得到科学的叙述和解释。

2．提高旅游工作者的心理品质

旅游服务工作是依靠人来进行的，人的心理品质直接影响旅游服务的质量。提高旅游工作者的心理品质，是旅游心理学的头等任务。

心理品质的提高，一方面取决于实践，另一方面取决于学习。学习旅游心理学有助于我们形成辩证唯物主义世界观，正确地了解自己，控制自己的情感，培养良好的心理品质；有助于我们掌握旅游者心理，提高服务质量。

3．提高组织内部的管理水平

一个旅游企业要在市场经济的竞争中取胜，要在广大旅游者的心目中树立良好形象，组织内部的管理状况是一个很重要的因素。管理最重要的职能是调动全体工作人员的积极性，创造性地去实现组织的目标。旅游心理学要把自觉推进组织的管理模式的发展列为自己的任务，积极地为提高组织内部的管理水平而努力。

4．推动旅游事业的更快发展

学习旅游心理学的根本任务是用旅游心理学的原理指导实践活动，提高旅游服务质量，发展旅游事业。旅游工作者心理品质的提高、旅游工作者对旅游者心理的认识，最终都要通过旅游服务活动的实践加以检验。因此，提高自身的素质，认识旅游者的心理和运用心理规律来开展旅游服务活动，预测将来，推动旅游事业的更快发展，这是一个整体。旅游心理学在这一整体活动中发挥着特殊的功能。

5．创建和完善具有中国特色的旅游心理学

我国有灿烂悠久的历史文化，特别是有不同于世界其他国家的文化背景。对于旅游心理学而言，我国有丰富的历史素材和现代心理学的研究成果可资借鉴，有广大的旅游工作者和旅游者的社会实践活动可资运用。虽然我国旅游心理学成为一门独立学科的历史还非常短暂，但只要持之以恒，创建和完善具有中国特色的旅游心理学的任务就是可以很快实现的。

旅游心理学的任务主要是研究旅游者、旅游服务、旅游从业人员以及旅游管理的心理，并主要学会如何利用旅游者心理活动的规律。

讨论

...

　　心理学知识对你未来的旅游服务工作将会有什么作用？请分成 2～3 个组，各组选一个代表发言。

课外知识一点通

　　旅游心理学是整个旅游业中的一门新学科，也是一门日日渐红的学科，当然它在旅游活动中起着十分重要的作用，被旅游业界视为旅游从业人员的必修课程。因为只有了解了旅游者在食、住、行、游、购、娱方面的旅游心理活动，才能最大限度地为旅游者提供周到、满意的服务。旅游业作为第三产业，它的重要地位已不可小觑，在国家及各级政府的大力扶持下正向更高的层次迈进，方方面面都在紧锣密鼓地不断完善。因此，为了使旅游业更好地发展，为了提高旅游服务质量和效率、为旅游从业人员提供心理学依据，为了让旅游者得到更为满意和周到的服务，旅游心理学便应运而生了，并将会在旅游业中发挥极其重要的作用。

　　学习旅游心理学有助于旅游从业人员根据旅游消费者的行为，分析和了解旅游消费者的心理活动，从而能有针对性地、更好地为旅游者提供周到、满意的服务。虽然旅游业现在是一个很红的行业，但仅仅凭优越的自然环境和局限在现在这个样子是不会有太大的变化和发展的，也不能在经济文化各领域起带动性的作用，是不能充分满足旅游者需要的。只有在了解旅游者的心理倾向和心理特点的前提下，才能自觉地、主动地开展有针对性的服务，满足不同旅游者的心理需求，才能使他们产生积极愉快的心理体验，形成美好而深刻的印象，这样才能创造出最佳的服务水平，使旅游者有"宾至如归"的感觉。相信旅游心理学的应用会使我国的旅游业迈上一个新的台阶，会让我们的旅游服务人员的素质达到一个更高的层次，会给来我国旅游的人们留下更美好的印象。

课后练习

一、判断题（正确的打"√"，错误的打"×"）

1. 心理学通常把心理现象划分为心理过程和个性心理两大类。　　　　　　　　　（　　）
2. 心理学是间接研究人的科学，人兼有自然属性和社会属性。　　　　　　　　（　　）

3．从理论角度看，社会心理学有助于正确地解释心理现象的本质和起源。　　　　（　　）

4．实验法是在自然情境中对人的行为进行有目的、有计划地系统观察并记录，然后对所有记录进行分析，以期发现心理活动变化和发展规律的方法。　　　　（　　）

5．旅游心理学运用心理学的分析方法和研究成果，着重研究旅游者在旅游活动中的心理和行为及其规律。　　　　（　　）

6．旅游心理学对我们正确认识自己，提高个人修养水平、完善自我、超越自我，做自己的主人毫无意义。　　　　（　　）

7．学习旅游心理学的基本任务是用旅游心理学的原理指导实践活动，提高旅游服务质量，发展旅游事业。　　　　（　　）

二、案例分析题

1．两个人观察同一棵树，植物学家首先获得的是关于树种、树龄及树的生长环境方面的认识；而画家获得的则是关于树干、树皮和树叶的形状、疏密、大小等方面的印象。这一事例说明了什么？

2．某日下午，一位脸色阴沉的英国客人来到某四星级饭店的西餐厅。服务员一如既往地微笑着向客人打招呼。待客人入座后，他热情地向客人介绍当日的特色菜。但客人只点了一瓶烈酒便示意服务员可以离去了。服务员可能是担心客人只喝酒易醉，又劝客人点几个菜，并一一报来请客人选择。客人开始只是大口喝酒并未出声，但笑容可掬的服务员仍喋喋不休。

客人终于大怒，拍案而起，然后找大堂副理投诉。经大堂副理全力安抚并免去客人酒费后，事态才算平息下来。想一想：热情服务为何遭投诉？

第2章

心理认知过程

知识要点

- ❖ 了解心理认知过程所包含的各个方面。
- ❖ 理解认识感觉、知觉、错觉及其特征。
- ❖ 理解认识想象与思维。
- ❖ 熟悉人际知觉实验,学会分析知觉特点。

课堂训练

心理测试

1.【你能看到多少个人头？】0~4 张：弱智；5~8 张：一般人；9~11 张：特别感性；11~13 张：精神分裂。

2.【测测你是男是女，据说很准】有些男人，性格中有女人的特质；有些女人，性格中有男人的特质。测试一下，你是纯正的男人（或女人）吗？凡是第一眼看下图是鸭子的，就是男人特质多一点，凡是第一眼看到是兔子的，就是女人特质多一点。

通过以上两个测试，我们从感性程度与性格特质方面接触了自我认知。但在心理学方面，心理认知包括哪些方面，又会在我们的生活学习中起到哪些作用呢？就让我们走进本章的学习吧。

2.1 认识感觉、知觉、错觉

案例 2-1

A、B 两家鞋业公司的经理各派一名市场调查员去某岛调查，发现岛上的居民从来都不穿鞋。结果 A 公司的调查员向公司报告称自己发现了一个新市场，进而开拓了市场；而 B 公司的调查员则向公司报告说该岛没有市场，于是没有进行市场开拓，从而丧失了获利机会。

案例分析：在本案例中，不同市场调查员得出了截然相反的结果，是由该案例中的知觉者——市场调查员的特点决定的。在一个企业中，管理者作出决策一方面依据客观条件，另一方面依据其个人对信息的知觉、判断。

2.1.1　感觉

1. 感觉的概述

（1）感觉的概念

感觉是人脑对直接作用于感觉器官的客观物体的个别属性的反映。人的认知过程是从感觉开始的。

在感觉的概念中有两点需要注意。其一是"直接作用"，所谓"直接作用"是指感觉反映的属性必然是当下接触和直接接触到的，不能是过去或间接接触的。其二是"个别属性"，"个别属性"是指感觉所反映的是客观物体的单一属性，比如听觉辨别的是声音大小，味觉辨别的是酸甜苦辣等。

感觉器官是脑的工具，脑是借助于感觉器官来反映外部世界的。

感觉是在刺激物直接作用下产生的，但并不是所有的刺激都能引起感觉，也就是说必须有适当的刺激强度才能引起感觉。这个强度范围称为感觉阈。所谓感受性就是对刺激物的感觉能力，它是用感觉阈限的大小来度量的。感觉阈限是能引起感觉的最小刺激量。感受性的大小与感觉阈限成反比。感觉的产生需要有适当的刺激，而刺激强度太大或太小都产生不了感觉。

（2）感觉的功能

实验 2-1

感觉剥夺实验

1954 年，加拿大麦克吉尔大学的心理学家首先进行了"感觉剥夺"实验：实验中给被试者戴上半透明的护目镜，使其难以产生视觉；用空气调节器发出的单调声音限制其听觉；手臂戴上纸筒套袖和手套，腿脚用夹板固定，限制其触觉。被试者单独待在实验室里，几小时后开始感到恐慌，进而产生幻觉……在实验室连续待了三四天后，被试者会产生许多病理心理现象：出现错觉幻觉；注意力涣散，思维迟钝；紧张、焦虑、恐惧等。实验后需数日方能恢复正常。

这个实验表明：大脑的发育，人的成长成熟是建立在与外界环境广泛接触基础之上的。只有通过社会化的接触，更多地感受到和外界的联系，人才可能更多地拥有力量，更好地发展。

作为最简单的认识形式，人类对于客观事物的认识是由感觉开始的。例如，当苹果作用于我们的感觉器官时，我们通过视觉可以反映它的颜色；通过味觉可以反映它的味道；通过嗅觉可以反映它的清香气味；同时，通过触觉可以反映它的粗糙的凸起。人类是通过对客观事物的各种感觉认识到事物的各种属性。

感觉不仅反映客观事物的个别属性，而且也反映我们身体各部分的运动和状态。例如，我们可以感觉到双手在举起，感觉到身体的倾斜，以及感觉到肠胃的剧烈收缩等。

感觉虽然是一种极简单的心理过程，可是它在我们的生活实践中具有重要的意义。有了感觉，我们就可以分辨外界各种事物的属性，因此才能分辨颜色、声音、软硬、粗细、重量、温度、味道、气味等；有了感觉，我们才能了解自身各部的位置、运动、姿势、饥饿、心跳，有了感觉，我们才能进行其他复杂的认识过程。失去感觉，就不能分辨客观事物的属性和自身状态。因此，我们说，感觉是各种复杂的心理过程（如知觉、记忆、思维）的基础，就这个意义来说，感觉是人关于世界的一切认识的源泉。

讨论

在我们的日常生活中，有哪些认识是通过感觉认识的？

2. 感觉的分类

早在两千多年前就有人将人类的感觉划分成五种基本感觉，即视觉、听觉、触觉、嗅觉和味觉。现在也有研究认为，感觉是由于客观事物的直接接触所产生。因而，按照刺激的来源可以把感觉分为外部感觉和内部感觉两大类。

（1）外部感觉

外部感觉是由外部刺激作用于感觉器官所引起的感觉，包括视觉、听觉、嗅觉、味觉和皮肤感觉（皮肤感觉又包括触觉、温觉、冷觉和痛觉）。

（2）内部感觉

内部感觉是由身体内部来的刺激所引起的感觉，包括运动觉、平衡觉和机体觉（机体觉又叫内脏感觉，它包括饿、胀、渴、窒息、恶心、便意、性和疼痛等感觉）。

3. 感觉的规律

（1）适应现象

感觉器官接受刺激后，如果刺激强度不变，则经过一段时间后，感觉会逐渐减小以至消失，这种现象称为"适应"。通常所说的"久闻不觉其臭"就是嗅觉器官产生适应的典型例子。除痛觉外，适应现象几乎在所有感觉中都存在，但适应的表征和持续时间是不同的。除视觉暗适应外，各种感觉适应大都表现为感受性逐渐下降乃至消失。触觉和压觉适应最快。对光的适应分为明适应和暗适应，明适应指从暗处进入明处适应过程，暗适应则相反。

（2）对比现象

各种感觉都存在对比现象，当两个不同的刺激物先后作用于同一感官时，一般把一个刺激的存在比另一个刺激强的现象称为对比现象，所产生的反应叫对比效应。同时给予刺激时称为同时对比，先后连续给予两个刺激时称为先后对比或相继性对比。

（3）掩蔽现象

当两个强度相差较大的刺激，同时作用于同一感官时，往往只能感觉出其中的一种刺激，这种现象被称为掩蔽现象。如当两个强度相差很大的声音传入双耳，我们只能感觉到强度较大的一个声音，即同时进行两种或两种以上的刺激时，降低了感官对其中某种刺激的敏感性，或使该刺激的感觉发生了改变。

2.1.2　知觉

1．知觉概述

（1）知觉的概念

知觉是直接作用于感觉器官的客观事物的整体属性在人脑中的反映。客观事物的各种属性并不是各自孤立地作用于人，而是综合成一个整体，同时或相继地作用于人的感官，于是在大脑中便产生了事物的整体映象。例如，有一个事物，我们通过视觉器官感到它具有圆圆的形状、红红的颜色；通过嗅觉器官感到它特有的芳香气味；通过手的触摸感到它硬中带软；通过口腔的味觉器官品尝到它的酸甜味道。于是，我们把这个事物反映成苹果。这就是知觉。

根据不同标准，可以对知觉进行分类。其中，根据知觉是否正确反映客观事物，把与客观事物实际情况不符的知觉归为错觉。

（2）知觉的特点

知觉不同于感觉、记忆、思维等心理过程，它表现出自己的特点。

① 知觉是人在实践活动过程中逐步形成和发展起来的

人的知觉能力，尤其是针对复杂事物的知觉能力，需要借助其丰富的实践活动才能逐步形成、发展和完善。

② 知觉的形成离不开知识经验的参与

知觉的形成与发展，除了需要客观事物的作用外，还必须具备相关事物的知识经验。比如，没有见过飞碟，也没有相关知识的人，即使真的见到飞碟，也不能确定它是何物。

③ 语言在知觉形成和发展过程中起着重要作用

人类从幼年开始通过语言的学习和掌握，逐渐获得了对客观事物的命名、归类以及在客观事物各个部分之间建立联系的能力，这些能力在很大程度上促进了知觉的形成与发展。

④ 知觉受到诸多心理特点的影响和制约

人的需要、动机、情绪、兴趣、态度、价值观等，都会对知觉过程产生不同程度的影响。

比如，人在饥饿的状态下，容易把某些模糊的事物知觉为食物。

2．知觉的特性

知觉有这样几个特性：选择性、整体性、意义性（理解性）、恒常性。
（1）知觉的选择性（见图 2-1、图 2-2）

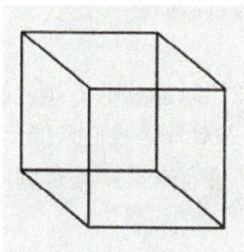

图 2-1　知觉的选择性

图 2-2　知觉的选择性

客观事物是丰富多彩的。在每一时刻里，作用于人的感觉器官的刺激也是非常多的，但人不可能对同时作用于他的刺激全都清楚地感知到，也不可能对所有的刺激都做出相应的反应。在同一时刻里，他总是对少数刺激知觉得格外清楚，而对其余的刺激知觉得比较模糊。这种特性被称为知觉的选择性。知觉得特别清楚的部分称为知觉的对象，知觉的比较模糊的部分称为知觉的背景。

知觉中对象和背景的关系并不是固定不变的。它依一定的主客观条件经常转换。在知觉过程中，强度大的、对比明显的刺激容易成为知觉的对象。在空间上接近、连续，形状上相似的刺激也容易成为知觉的对象。在相对静止的背景上，运动的物体容易成为知觉的对象。刺激的多维变化比单维变化更容易成为知觉的对象。此外，凡是与人的需要、愿望、任务及以往经验联系密切的刺激，都容易成为知觉的对象。

（2）知觉的整体性（见图 2-3、图 2-4）

图 2-3　知觉的整体性

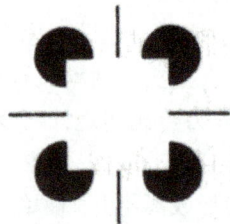

图 2-4　知觉的整体性

知觉的对象是由不同的部分、不同的属性组成的。当它们对人发生作用的时候，是分别作用或者先后作用于人的感觉器官的。但人并不是孤立地反映这些部分、属性，而是把它们结合成有机的整体，这就是知觉的整体性。

刺激物的性质、特点和知觉主体的经验是影响知觉整体性的两个重要因素。一般来说，刺激物的关键部分、强的部分在知觉的整体性中起着决定作用。有些物理化学强度很弱的因素，因与人的生活实践有密切关系，也会成为很强的刺激成分。

（3）知觉的理解性

人在感知当前的事物时，总是借助于以往的知识经验来理解它们，并用词把它们标示出来。这种特性称为知觉的理解性。比如听一首歌，如果是你会唱的，才放一个片段就会知道是哪首歌，并知道后面的旋律是什么。对歌曲的熟悉程度决定了你能知觉出那首歌所需的片段的长短。但这片段不能够无限地小，总有一个合理限度。也就是说，要有充分的判断依据。经验是最重要的，有经验的心理学家可以从一个人的眼神、动作、言语知道他心里想的是什么。知觉的理解性会受到情绪、意向、价值观和定式等的影响。

在知觉信息不足或复杂情况下，知觉的理解性需要语言的提示和思维的帮助。一块像小狗的石头，也许开始你会看不出来，但如果有人提醒，就会越看越像。很多旅游风景也是如此。知觉的理解性使人的知觉更为深刻、精确和迅速。

（4）知觉的恒常性

当知觉的对象在一定范围内变化了的时候，知觉的映象仍然保持相对不变，知觉的这种特性称为知觉的恒常性。

视觉的恒常性表现得特别明显。例如，一个人站在离我们不同的距离上，他在我们视网膜上的空间大小是不同的，但是我们总是把他知觉为一个同样大小的人。一个圆盘，无论如何倾斜旋转，而事实上所看到的可能是椭圆甚至线段，我们都会当它是圆盘。在强光下煤块反射的光量远远大于暗处粉笔所反射的光量，但这不妨碍我们感觉煤块的颜色比粉笔深。知觉的恒常性还普遍存在于其他各类知觉中，例如，同一支乐曲，尽管演奏的人不同，使用的乐器也不一样，我们总是把它知觉成同一支乐曲。

知觉的恒常性是因为客观事物具有相对稳定的结构和特征，而我们对这些事物有比较丰富的经验，无数次的经验校正了来自每个感受器的不完全的甚至歪曲的信息。如果我们知觉的是一个全新的对象，而且周围没有熟悉的事物可以作参照，那么我们绝不会有关于这个事物的知觉恒常性。

3. 感觉与知觉

感觉与知觉的共同点在于都是直接作用于感官的客观事物在人脑中的反映，所产生的主观映象都是具体的感性形象。感觉与知觉又有区别，感觉反映事物的个别属性，知觉反映事物的整体属性。感觉和知觉又有联系，感觉是知觉的成分，是知觉的基础，知觉是在感觉的基础上产生的。

感觉与知觉的区别：

（1）产生的来源不同。感觉是介于心理和生理之间的活动，它的产生主要来源于感觉器官的生理活动以及客观刺激的物理特性。知觉是在感觉的基础上对客观事物的各种属性进行综合和解释的心理活动过程，表现出了人的知识经验和主观因素的参与。

（2）反映的具体内容不同。感觉是人脑对客观事物的个别属性的反映，知觉则是对客观事物的各个属性的综合整体的反映。

（3）生理机制不同。感觉是单一分析器活动的结果，知觉是多种分析器协同活动对复杂刺激物或刺激物之间的关系进行分析综合的结果。

感觉与知觉的联系：

（1）感觉是知觉产生的基础。感觉是知觉的有机组成部分，是知觉产生的基本条件，没有对客观事物个别属性反映的感觉，就不可能有反映客观事物整体的知觉。

（2）知觉是感觉的深入与发展。一般来说，若对某客观事物或现象感觉到的个别属性越丰富、越完善，那么对该事物的知觉就越完整、越准确。

（3）知觉是高于感觉的心理活动。但知觉并不是感觉的简单相加之总和，它是在个体知识经验的参与下，以及个体心理特征如需要、动机、兴趣、情绪状态等影响下产生的。

2.1.3　错觉

1. 错觉概述

所谓错觉，就是对外界事物的不正确的知觉。在一定的条件下，人在感知事物的时候，会产生各种错觉现象。东晋时"风声鹤唳、草木皆兵"就是一个实例。

错觉是知觉的特殊形式，与幻觉有本质区别。错觉的产生是有条件的，即在客观事物作用于感官时产生的对客观事物主观上的歪曲。当错觉产生时，客观事物的长度、方向、位置、运动、弯曲等特征受到扭曲而被错误知觉。幻觉是无条件的，它是脱离客观事物的虚幻反映。

错觉可以在各种感觉通道中以及不同感觉通道之间产生，包括视错觉、听错觉、味错觉、视听错觉、运动错觉、时间错觉。错觉的产生并不是因为观察者的疏忽，而是人在特定条件下必然产生的正常的心理活动。

错觉的产生有客观原因和主观原因，对错觉的研究有助于更好地理解知觉过程。某些错觉现象具有现实作用，如绘画、摄影、建筑、服装、装潢等艺术和生活领域。

讨论

……

说说在我们周围有哪些错觉现象？

2. 错觉的种类

错觉具有很多种类，如视错觉、听错觉、味错觉、视听错觉、运动错觉、时间错觉。其中视错觉最为常见且运用广泛，而视错觉中最为丰富的当属几何错觉。接下来就为大家介绍几类常见的几何错觉。

（1）缪勒-莱尔错觉

两条原本等长的线条，因为两端箭头的朝向不同而看起来长短不一（见图2-5）。根据研究，主观上的错误估计量比实际长25%～30%。

（2）月亮错觉

有一种现象大家在日常生活中能经常看到，就是太阳早上看起来往往比中午的时候大一些。这种现象被定义为月亮错觉。月亮错觉就是虽然接近地面平视的圆月和当空仰视的圆月面积相等，但一般人总是觉得接近地面时的面积要大出 30%～50%。

（3）德勃夫错觉

图 2-6 中，左图内的小圆与右图的圆相等，但两者看似不等，居右者看来较小。

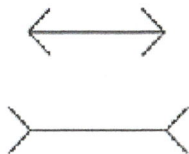

图 2-5　缪勒-莱尔错觉　　　　图 2-6　德勃夫错觉

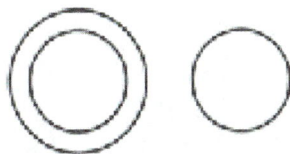

（4）奥尔比逊错觉

美国心理学家奥尔比逊提出，将一正方形和一个圆形，附上相交于一点的数条线条后，看起来正方形并非正方形，圆形并非圆形（见图 2-7）。

（5）松奈错觉

当数条平行线各自被不同方向斜线所截时，看起来即产生两种错觉：其一是平行线失去了原来的平行；其二是不同方向截线的黑色深度似乎不相同（见图 2-8）。

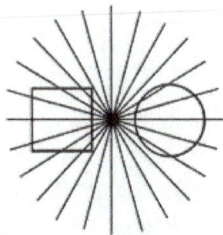

图 2-7　奥尔比逊错觉　　　　图 2-8　松奈错觉

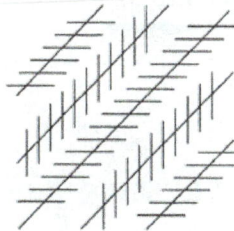

（6）编索错觉

图 2-9 中，盘起来的编索呈螺旋状，实则系由多个同心圆所组成。

（7）阶梯错觉

注视图 2-10 中的图形数秒钟，将可发现有两种透视感：有时看似正放的楼梯，有时看似倒放的楼梯。

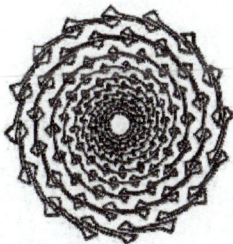

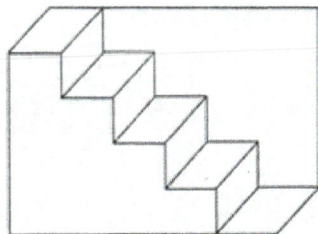

图 2-9　编索错觉　　　　图 2-10　阶梯错觉

3. 错觉的作用

实验 2-2

日本一家咖啡店的老板发现不同颜色会使人产生不同的感觉，于是他思考选用什么颜色的咖啡杯会达到最好的效果。他做了一个有趣的实验：邀请了 30 多人，每人各喝四杯浓度相同的咖啡，但四个咖啡杯分别是红色、咖啡色、黄色和青色。

几乎所有的人都认为使用红色杯子的咖啡调得太浓了；使用咖啡色杯子的认为太浓的人数约有 2/3；使用黄色杯子的感觉是浓度正好；而使用青色杯子的都觉得太淡了。从此以后，这家咖啡店一律改用红色杯子盛咖啡，既节约了成本，又使顾客对咖啡质量和口味感到满意。

做好一项工作，特别忌讳对人对事的片面认识。在现实生活中，由于受到客观条件的限制而不能全面地看问题，往往造成对人的认知的偏差，以致作出错误的推测、判断和评价。这种偏差即为错觉。但是，研究错觉的意义不仅在于认识事物的真相，也在于能够在社会中善用错觉而达到意想不到的效果。

2.2　认识想象与思维

案例 2-2

韩信是我国历史上有名的将领。相传有一天，刘邦想试探韩信的智谋。他取出一块五寸的布帛，对韩信说："给你一天的时间，你在这上面尽可能多地画上士兵。你能画多少，我就给你带多少兵。"站在一旁的萧何想：这一小块布帛，能画几个兵？急得暗暗叫苦。但韩信毫不犹豫地接过布帛就走。第二天，韩信按时交上布帛，上面虽然画了些东西，但一个士兵也没有。刘邦看了却大吃一惊，心想韩信的确是一个胸有兵马千万的人才，于是把兵权交给了他。韩信在布帛上究竟画了些什么呢？原来，韩信在布帛上画了一座城楼，城门口战马露出头来，一面"帅"字旗斜出。

案例分析：韩信不愧为名将，虽没见一兵一卒，却可想象到千军万马。他利用心理作用成功应对了刘邦的试探。一面"帅"旗激发出无限的想象力，想象的"千军万马"远远胜过有形的士兵。可见想象的巨大力量。

2.2.1　想象

1. 想象概述

（1）想象的概念

想象是人对在头脑里已存在的表象进行加工改造形成新形象的心理过程，是以表象为内容的特殊形式的高级认知活动。想象与思维有着密切的联系，它们都产生于一定情景之下，由个体的需要所推动，其推断预见作用。例如，他人向你绘声绘色地描述一道美食，虽然你没有吃过，但是可以想象出色、香、味、形。

人的头脑不仅能够产生过去感知过的事物的形象，而且还能够产生过去从未感知过的事物的形象。由此想象最突出的特征是形象性和新颖性。形象性是指想象处理的主要是直观生动的图像信息，而非单一的词和符号，但它们不是原有表象的简单再现。新颖性是指想象是以现实中存在的事物形象为原材料加工而成。

（2）想象的功能

人能够借助想象力产生所预期结果的表象，根据想象所产生的作用不同，将想象的功能分为如下几个。

① 预见功能

想象的预见功能是指想象能对客观现实进行超前的反映，以形象的形式实现对客观事物的超前认知。

② 补充功能

想象的补充功能是指弥补人类认知活动在时间与空间上的局限和不足，或者在很难直接感知对象时，想象能够弥补对象认知的不足。

③ 代替功能

想象的代替功能是指当人的某些需要和活动不能得到实际满足时，可以通过想象，从心理上得到某种替代与满足。

2．想象的种类

（1）根据想象活动是否具有目的性分类

① 无意想象

无意想象又称为消极想象、不随意想象，是指没有预定目的，不自觉地在一定刺激的作用下，顺其自然地进行的想象。无意想象的特殊形式是梦。梦是在睡眠状态下产生的正常心理现象，是无意想象的一种表现形式。

② 有意想象

有意想象又称为积极想象、随意想象，指根据预定目的，在一定意志努力下，自觉进行的想象。

（2）根据想象的创造性程度分类

① 再造性想象

再造性想象是指根据别人对某一事物的描述或言语、文字的描述或图样的示意，在人脑中形成相应事物新形象的过程。形成正确的再造性想象有赖于两个条件：一是正确理解言语或语词的描述和图形或符号标志的意义；二是丰富的表象储备。记忆中关于同类事物的表象是想象的基础，记忆中存在的表象越丰富，再造性想象的内容就越多样。

② 创造性想象

创造性想象是指根据一定的目，并不依据现成的描述，在人脑中独立创造出某种新形象的过程。创造性想象具有独立性、首创性、新颖性的特点，是人类创造性活动中不可缺少的部分。没有一种创造性的活动是不需要创造性想象的。创造性想象是一种智力活动，它的产生依赖于社会实践的需要、个体强烈的创造欲望、丰富的记忆表象储备、高水平的表象改造能力以及思维的积极性等条件。

3. 幻想

幻想是创造性想象的一种特殊形式，是指与个人生活愿望相结合，并指向未来发展的想象。幻想与一般的创造性想象有两点区别：第一，幻想体现的是个人的愿望，是幻想者所希望的。而一般的创造性想象则并不一定如此，其结果可以是主体所向往的，也可以不是主体所向往的。第二，幻想并没有实际的结果产生。

根据幻想的社会价值和有无实现的可能性，把幻想分为积极的幻想和消极的幻想。

积极的幻想是指符合事物发展规律，具有一定社会价值和实现可能性的幻想。积极的、健康的、有社会意义的幻想对于人的工作和活动是一种强大的推动力。消极的幻想是指不符合或违背事物发展规律，毫无实现可能性的幻想，因此又把消极的幻想称为空想或白日梦。

> 讨论
>
> "幻想并没有实际的结果产生，所以幻想是没有任何意义的。"你认为这种说法对吗，为什么？

2.2.2 思维

1. 思维概述

（1）思维的概念

思维是人类重要的认知活动，是人脑借助语言、表象或动作实现的对客观事物内部本质及其规律的心理认知过程。

在日常生活之中，如果我们提到葡萄、菠萝、西瓜、苹果，大家自然会将以上几种食物归类为水果。如果在纸上写下 2、4、6、8，并让你根据数字之间的联系续写后面的数字，相信大家也不难得出结论，后面为 10，12，…这样一种通过事物表象推测出本质特征从而得出结论的心理过程便是思维。

思维是人脑对客观事物的反映，是在感觉和知觉的基础上发展而来的。但思维与感觉、知觉却有着本质上的区别。感觉和知觉是针对事物的个别或整体特征的表象反映。思维是在前者基础上将认识升华，反映的是事物本质及内在联系或规律。

（2）思维的特征

间接性、概括性是思维的两大特征。

① 间接性

感觉、知觉是直接反映现实，没有通过其他媒介作用于事物。而思维是以自己已有的知识经验作为基础，对客观事物进行间接的反映，即为通过媒介获得对事物的认识。人类的感觉器官在认识事物方面具有一定的局限性，而思维的间接性可以超越这一局限，认识那些没有感知或无法直接感知的事物，从而揭露客观事物的内在特征。

② 概括性

思维的概括性是指思维反映的不是个别事物或事物的个别属性，而是客观事物的一般特征或事物的内在联系。思维的概括性具有两层含义：其一，反映的是一类事物的共同属性和特征。例如，长方形、正方形、菱形同为平行四边形，共同特征是在同一平面内有两组对边分别平行。其二，反映事物中规律性的联系。例如，人、植物、动物之间存在生态平衡的联系。思维的概括性可以促进透过现象看到本质。

2．思维的种类

（1）按思维的性质、内容与解决问题的方式分类

① 动作思维

动作思维又称为直观动作思维、直觉行动思维。其是指思维必须与动作结合起来，一旦离开动作便无法思维了。例如，幼儿在早期接触数学时，必须借助摆弄手指来数数或进行计算。而当他们停止摆弄手指的动作，便无法计算。

② 形象思维

形象思维又称为具体思维、具体形象思维。其是指在解决问题的过程中必须依靠具体直观的现象。例如，数学中的"珠心算"，通俗地说就是在脑子里打算盘。"珠心算"是以打算盘为基础，使打算盘的操作过程充分"内化"，模拟或形象化出虚拟的算盘。从而完全摆脱实际的打算盘的外部动作，凭借这"内化"了的"心理算盘"（也称"虚算盘"）在脑中进行加、减、乘、除等计算的方法。

③ 抽象思维

抽象思维又称为逻辑思维、抽象逻辑思维。其是指运用概念、判断、推理等思维形式，反映出事物的本质特征与内在联系。例如，面对数字 4，8，12，16，…，我们可以概括为 4 的倍数。证明数学定理、概括文章中心思想均需要依靠抽象思维。

（2）按思维的清晰程度分类

① 直觉思维

直觉思维是指没有见过严密的逻辑思维，直接对事物作出的判断。例如，常说的"女人的直觉"，并没有明确的推理与分析而得出的结论。其结论的正确程度往往是受过去经验的影响。

② 分析思维

分析思维又称为逻辑思维，是指经过仔细研究、逐步分析，最后得出明确结论的思维方式。例如，警察通过线索、取证、对证等找出犯罪对象所运用的就是分析思维。

（3）按思维探索的方向分类

① 发散思维

发散思维又称为求异思维，是指人脑针对客观事物，通过新颖独特的思考产生对事物的多样性答案。例如，当有人落水时，我们通常想到的是救人脱离水面，而司马光砸缸是使水脱离人。发散性思维需要对问题的思考具有创造性。因而，发散性思维是创造性思维的主要特征。

② 聚合思维

聚合思维又称为求同思维，是指根据已有资料，遵循规则获得最佳答案的思维。例如，一道数学题会存在多种解题思路，但在考试时你不可能一一写出，一定是在思考后选出最为简单快捷的一种思路。

（4）按思维的创新性程度分类

① 常规思维

常规思维是指人们根据已有的知识经验，按现成的方案和程序直接解决问题。例如，游客对旅游活动进行投诉，服务人员按照操作手册遵循步骤处理。但常规思维缺少创造性，不能超越以往经验。

② 创造性思维

有创见的思维，即通过思维不仅能揭示事物的本质，还能在此基础上提出新的、建树性的设想和意见。例如，著名餐饮企业"海底捞"，为排队等候的顾客提供擦鞋美甲服务。创造性思维有着十分重要的意义。创造性思维不仅可以增加人们知识的总量，还可以提高认识能力。并且创造性思维可以为活动开辟新的局面，新局面的成功，又可以反馈激励人们去进一步进行创造性思维。

3. 思维的过程

思维的过程包括分析、综合、比较、分类、抽象、概括、具体化、系统化等。

分析是将事物的整体分解为各个部分、各种特性的思维过程。而综合则是将事物的各个成分和个别特征联系起来，结合成为一个整体。比较是将几种有关事物加以对照，确定它们之间的异同及其关系。分类是在人脑中根据比较的结论把事物区分为不同类型。抽象是根据以上几个步骤的结论，在思想中抽出同类事物的一部分共同主要特征，摒弃该类事物的其他特征。概括是事物的某类共同特征在脑中的结合。具体化是把抽象与概括的原理运用到具体的对象之上。系统化是将知识的各要素分门别类构成一个有机且层次分明的整体。

由上述可见，思维是一个复杂的、高级的认识过程，反映了事物的相互联系及其发展变化的规律，并且具有间接认识和概括认识的特性。

2.3 人际知觉

案例 2-3

自 2001 年 9 月 11 日以来，生活在美国的穆斯林信徒的生活就发生了变化。美国航空公司禁止穆斯林员工戴面纱上班，并且解雇了一位拒绝摘掉面纱的穆斯林职员。有一位生活在旧金山的记者开始佩戴非传统的穆斯林头巾。因为当她戴着传统的穆斯林头巾时，会让她在人群中非常明显，一些孩子会喊她"恐怖分子"。

　　案例分析：在美国"9·11"恐怖袭击之后，由于刻板印象的危害，大多数美国人产生了对穆斯林新的种族轮廓。虽然这种轮廓化对反恐无效，带有歧视性，是错误的心理，但是大多数美国人都陷入其中。

　　刻板印象属于人际知觉，人际知觉又称为社会知觉，是指人的知觉。人际知觉是指对人与人之间关系的知觉，包括对人的外部特征、个性特点的了解，对人行为的判断和理解。学习人际知觉是了解人与人之间各种复杂关系的途径。

　　在社会中人与人之间存在各种认识，而这种人与人之间的认识和了解就是社会知觉。简单地说，社会知觉就是人们在社会交往中通过获得对方的外部信息，从而给对方作出各种各样的判断和评价的过程。

　　然而，在现实生活中，由于受到客观条件的限制而不能全面地看问题，往往造成对人的认知偏差，以致作出错误的推测、判断和评价。这种对人的认知偏差，则称为社会错觉。

2.3.1　第一印象

1. 第一印象概述

实验 2-3

第一印象实验

　　一位心理学家曾做过这样一个实验：他让两个学生都做对 30 道题中的一半，但是让学生 A 做对的题目尽量出现在前 15 题，而让学生 B 做对的题目尽量出现在后 15 道题。然后让一些被实验者对两个学生进行评价：两相比较，谁更聪明一些？结果发现，大多数的人都认为学生 A 会更加聪明。

　　实验中的被实验者不会逐题计算正确的题目数量，只能通过自己的印象。而在实验中因为 A 做对的题目在前半段，所以在实验的开始就让人形成了 A 成绩更好的印象。这便是第一印象。

　　第一印象又称为"首因效应"，是指人与人在第一次交往中给人留下的印象，在对方的头脑中形成并占据着主导地位。

　　人与人交往中会收集到各种用于认识对方的信息，从而形成关于他人的印象。但是，在人们形成印象的过程中，通常情况下是以最先接收到的信息作为依据，然后运用最初获得的印象来解释随后获得的新信息。因此，信息呈现的先后顺序会影响最终印象的形成。并且，只有当最初的信息会对人形成的印象产生强烈的影响时，这最先呈现的信息产生左右印象的现象才被称为第一印象。

2. 第一印象作用

第一印象效应是指最初接触到的信息所形成的印象对我们以后的行为活动和评价的影响，实际上指的就是第一印象的影响。第一印象主要是性别、年龄、衣着、姿势、面部表情等"外部特征"。一般情况下，一个人的体态、姿势、谈吐、衣着打扮等都在一定程度上反映出这个人的内在素养和其他个性特征。因而，人们在面试前往往都会精心修饰，从而增加面试成功的概率。在写作文时，老师也会告诉大家要注意写好开头。

但是，仅凭第一印象就妄加判断，"以貌取人"，往往会带来不可弥补的错误。因为一个人不同的特征表现出来的速度并不相同，因而会有"路遥知马力，日久见人心"之说。当然，第一印象也不是一成不变的。第一印象也会随着时间的慢慢推移而逐渐地淡化。因此，如果我们给别人留下的是好的印象，我们就要努力保持自己的作风和态度，维护这种印象。而如果我们给别人留下了不良的第一印象，那么就要正视自己的缺点，找准原因，努力去提高自身素质和形象，争取彻底改变这种不利局面。

> 说说你对班级内同学的第一印象，现在对同学的认识是否与第一印象一致？

2.3.2 晕轮效应

1. 晕轮效应概述

实验 2-4

晕轮效应实验

美国心理学家凯利对麻省理工学院的两个班级的学生分别做了一个试验。上课之前，实验者向学生宣布，临时请一位研究生来代课。接着告知学生有关这位研究生的一些情况。其中，向一个班的学生介绍这位研究生具有热情、勤奋、务实、果断等品质，向另一班的学生介绍的信息除了将"热情"换成了"冷漠"之外，其余各项都相同。实验结果是：下课后，第一个班的学生与研究生一见如故，亲密攀谈；另一个班的学生对他却敬而远之，冷淡回避。

仅仅介绍中的一词之别，竟会影响到整体的印象。其实，在实验中代课的研究生在两个班的学生面前的展示都是一样的，但因为在实验前实验者对研究生的品质介绍不同，所以学生们便戴着有色眼镜去观察代课者，而这位研究生就被罩上了不同色彩的晕轮。

晕轮效应又称为"光环效应"，它是一种影响人际知觉的因素，指在人际知觉中所形成的以点概面或以偏概全的主观印象。因为这种强烈知觉的品质或特点，就像月亮的光环一样，向周围弥漫、扩散，从而掩盖了事物其他品质特点，所以就将其形象地称为光环效应。

当认知者对一个人的某种特征形成好或坏的印象后，他还倾向于据此推论该人其他方面的特征，由此便会形成对他人直觉的一种偏差倾向。当一个人对另一个人的某些主要品质有个良好的印象之后，就会认为这个人的一切都良好，这个人就被一种积极的光环所笼罩；反之，则被赋予其他不好的品质。

2. 晕轮效应作用

晕轮效应是在人际交往的过程中形成的一种夸大的现象，正如日、月的光辉，在云雾的作用下扩大到四周，形成一种光环作用。它时常表现在一人对另一人的某方面印象会决定他对对方的整体看法，从而看不准真实的对方。

有时候晕轮效应会对人际关系产生积极作用，比如你对人诚恳，那么即便你能力较差，别人对你也会非常信任，因为对方只看见你的诚恳。而晕轮效应的最大弊端就在于有时会把人际知觉推向另一个极端——以偏概全。严重者可以达到"爱屋及乌"的程度，即只要认为某人不错，便认为他所使用的东西、跟他要好的朋友、他的家人都不错。

晕轮效应和第一印象都是人际知觉中的错觉。而第一印象是在人们对对方没有任何实质了解时形成的，是浅层次的认识。晕轮效应的认识则比第一印象要有深度。理论上第一印象先于晕轮效应产生。但在实际的心理反应中，往往是第一印象产生后晕轮效应便开始出现，并强化第一印象，由此形成持续的晕轮效应。

2.3.3　心理定势

1. 心理定势概述

实验 2-5

心理定势实验

研究者向参加实验的两组大学生出示同一张照片，但在出示照片前，对第一组学生说：这个人是一个怙恶不悛的罪犯；对第二组学生却说：这个人是一位大科学家。然后他让两组学生各自用文字描述照片上这个人的相貌。第一组学生的描述是：深陷的双眼表明他内心充满仇恨，突出的下巴证明他沿着犯罪道路顽固到底的决心……第二组的描述是：深陷的双眼表明此人思想的深度，突出的下巴表明此人在认识道路上克服困难的意志……

对同一个人的评价，仅仅因为先前得到的关于此人身份的提示不同，得到的描述竟然有如此戏剧性的差距，可见心理定势对人们认识过程的巨大影响。

如图 2-11 所示，你若从左至右读"M、N、O、P、Q"，从上至下读"1、0、–1"。而在这其中有一个字符"O"是相同的，可是为什么两次读的结果并不同？因为有"心理定势"。

心理定势的产生先于知觉认识，是指人在对待某一特定对象时心理上的准备状态。当某人还未对对象产生认知之前，会存在某些心理状态、习惯或态度。比如，当我们尚未接触到案例中的字母"O"时，但是字母"M、N、P、Q"让我们产生了准备状态——这是一组字母。同样"1、–1"让我们预知这是一组数字。

$$1$$
$$M\ N\ O\ P\ Q$$
$$-1$$

图 2-11　心理定势

2. 心理定势作用

人们在社会活动中，不但通过认知获得知识和经验，也伴随着养成了一定的习惯、行为方式和个性倾向，这些习惯或行为方式在从事某项活动之前，便构成了一种心理准备状态。因而，不同生活环境、不同经历的人对于同一事物上的定势会不同。

在现实活动中，在一定条件下，这种心理定势的准备状态会加强主体感知和解决问题的质量和速度。然而，当原有的思维和行为方法在新的情境中没有价值时，心理定势可能会对主体的认识质量与速度起抑制作用。由此，心理定势具有积极与消极的两面。一方面，心理定势可以使我们在从事某些活动时能够相当熟练，甚至达到自动化，可以节省很多时间和精力；另一方面，心理定势的存在也会束缚我们的思维，使我们只用常规方法去解决问题，而不求用其他"捷径"突破，因而也会给解决问题带来一些消极影响。

2.3.4　刻板印象

1. 刻板印象概述

案例 2-4

一位公安局长在路边同一位老人聊天，这时跑过来一个小孩，急匆匆地对公安局长说："你爸爸和我爸爸吵起来了！"老人问："这孩子是你什么人？"公安局长说："是我儿子。"曾对 100 个人测试过这个问题，但是 100 人中只有两人答对了，并且这两个人都是孩子："局长是个女的，吵架的是一个局长的丈夫，就是孩子的爸爸；另一个是局长的爸爸，就是孩子的外公。"

案例分析：为什么被测试者很难准确回答这一问题呢？原因很简单，是人们对社会各类的人有着一定的定型认知。当告诉人们对方是一位公安局长时，大多数的成年人都会认为该局长是一名男性。因为在现实生活中绝大多数的公安局长都是男性，并且认为男性这一群体更适合这一职位。而这就是刻板印象。刻板效应实际就是一种心理定势。

刻板印象是指人类对于某些特定类型的人物或事物的一种固定的看法。这种看法可能是来自于同一类型的人和事物之中的某一个个体给旁人的观感。刻板印象的根本是基于某人所在的团体知觉判断某人。因此，其印象应该是群体现象而非个体现象。

在生活中，人类总可以按照一定的标准进行群体划分。因而，划分为同一群体的人们总会存在一定的共性，这种共性便是刻板印象的归因。通常人们通过两种途径获得对于社会的刻板印象：一种是直接获得，即通过与某种人接触，然后将这些人的特征加以概括和固定化；另一种是间接获得，即通过他人的介绍或大众媒介的描述形成。

2. 刻板印象的作用

当我们基于一个人所处的团体来判断某人时，刻板印象是我们判断时使用的捷径，而这一捷径可以使我们复杂的判断变得简单化。例如，许多公司老总比较青睐运动员出身的员工，因为运动员一般具有积极进取、勤奋刻苦的精神。这种精神又与企业价值观吻合。所以运用刻板印象可以大大缩短人力资源的搜索时间。

大多情况下，运用刻板印象是有效且快速的。但有时，刻板印象也存在偏见。譬如把某人看作某类人的典型代表，因而影响正确的判断。有时还会根据一些并不真实的间接资料对尚未接触过的人产生刻板印象，例如，老年人是保守的，年轻人是爱冲动的；北方人是豪爽的，南方人是善于经商的；等等。

因此，运用刻板印象前需要时常反省，确保在决策与公平之间正确使用。"越是有用的东西，因为错误使用带来的危险就越大"是对刻板印象的最好说明。

讨论

有的同学不能够区分"心理定势"与"刻板印象"，请你帮忙说明其之间的区别吧。

2.3.5 投射效应

1. 投射效应概述

实验 2-6

投射效应实验

心理学家罗斯曾经做过一个关于投射效应的实验，共有 80 名大学生参加，在实验中征求他们的意见，询问他们是否愿意背着一块大牌子在校园里走动。实验结果显示：48 名大学生同意背牌子在校园内走动，并且认为大部分学生都会乐意背；而拒绝背牌子的学生则普遍认为，只有少数学生愿意背。

产生以上想法的原因是，这些学生将自己的态度投射到其他学生身上。他们认为其他学生拥有和自己一样的想法。

投射效应是指将自己所具有的特点归因到其他人身上的倾向。投射使人们倾向于按照自己的想法来知觉他人，而不是按照被观察者的真实情况进行知觉。该作用认为自己具有某种特点，则其他人也同样会具有。比如：一个诚实守信的人会以为别人都是诚实可靠的；一个经常撒谎的人就会觉得别人也在撒谎；等等。

2．投射效应的作用

人们在对他人形成印象时，有一种强烈的投射倾向就是假定对方和自己有相同之处，通俗地说就是"以己推人""以己之心，度人之腹"。如果我们假定别人与自我相似则很容易判断别人，但判断的结果并不一定正确。

当观察者与被观察者十分相似时，观察者会得出正确的结论，但这一结论的得出只是因为恰巧的相似存在。因此，投射效应会使我们对其他人的知觉产生失真。投射效应是一种认知心理偏差。而克服这种心理偏差的方法就是辩证地、一分为二地去对待别人和对待自己。

课后练习

一、名词解释

1．知觉
2．错觉
3．刻板印象
4．晕轮效应

二、简答题

1．简述知觉的特性。
2．简述感觉与知觉之间的区别与联系。
3．简述思维的种类。

三、论述题

请你说说在我们周围有哪些人际知觉的案例，并试着分析属于哪一种人际知觉现象，为什么。

第 3 章

个性心理特征

知识要点

❖ 了解个性心理的含义与特征，熟悉个性的形成与
  发展。
❖ 掌握气质的概念与分类，并能够运用其分析管理
  中的问题。
❖ 掌握性格的概念、特征、分类。
❖ 理解气质与性格的关系，并能够运用其分析管理
  中的问题。
❖ 理解观察力与记忆力的重要性，学会提高观察
  力、记忆力的方法。

📖 课堂训练

心理测试

【走出迷宫，你适合什么职业？】

终点 A 的人适合职业：警察、教练、作家。终点 B 的人适合职业：漫画家、会计、导演、设计师。终点 C 的人适合职业：领导、律师、指挥。终点 D 的人适合职业：医生、教师、歌手、记者、工人。终点 E 的人适合职业：演员、司机、商人、基层管理人员。

为何根据迷宫路线的选择可以看出人们适合的职业呢？因为路线的选择体现了一个人的个性。例如，对于终点 C 的选择而言，这条线路的特点是最为直接，具有强烈的目标感，从中体现出的是选择者的领导特质；对于终点 D 的选择而言，这条线路的特点是直线最多，弯路最少，体现出了选择者的规则性。

由此可见，个性会影响个体的职业选择，下面就让我们一起来认识个性吧。

3.1 个性

🧑‍🏫 案例 3-1

自从明朝吴承恩著《西游记》以来，《西游记》成为华人社会中流传最广的神话小说。近年来，书中人物还经常成为华人企业管理案例探讨的对象。有些企业在面试员工时就存在关于"唐僧师徒谁更加适合这一岗位"的问题。

有人在分析企业组织结构与西游记的团队时得出结论，认为西游记是一个完美的经济组织：唐僧担任总经理；孙悟空担任销售部长；猪八戒担任办公室主任；沙和尚担任后勤人员。这个组织成功取得真经的原因不是每个人有多么优秀，而是能相互配合的人都处于合适的位置。

3.1.1　个性的含义与特征

1. 个性的含义

个性具有丰富的内涵，反映了人的本质特征。在心理学研究中，个性的研究就是讨论完整个体与个体差异的心理特征。个性即具有一定倾向性的、稳定的心理特征的总和，是构成一个人的思想、感情和意愿及相互关系的模式。其实，人的心理活动不仅有各种各样的心理，而且在具体的某人身上产生时，还会表现出各个人自有的特点。这部分特点是一个人区别于他人的稳定而统一的心理品质，是一个个体在社会化的过程中所形成的具有自身特点的身心组织。我们称之为个性差异。

个性差异主要体现在两个方面：个性心理特征和个性倾向性。

个性特征表现为存在于社会环境中的个体具有气质、性格、能力等方面的个性差异。它是个体身上经常表现出来的那部分本质的、稳定的心理特征。个性倾向性决定一个人的态度的积极性和选择性。它主要包括需要、动机、态度、兴趣、理想、信念和世界观等。个性倾向性是个性结构中最活跃的因素。

2. 个性的特征

个性代表着一个人的精神面貌，具有如下特征：

（1）独特性

通过研究发现，即使是同卵双生双胞胎或者连体儿，彼此之间都会具有不同的个性。因而，每个人的个性都具有独特性。

（2）组合性

个性是由多种心理现象组合而成的，是一种复杂的组合。

（3）稳定性

个性的形成需要具备一定的条件，但是一旦形成，就在一定条件下具有相对的稳定性。

（4）倾向性

不同个体在形成个性的过程中，对事物的动机、态度、意愿都会表现出不同的特有倾向，最终形成对人、对事都有的行为方式与个性倾向。

（5）整体性

一个人的各种个性心理特征与个性倾向都是在一定基础上有机结合在一起的。人是作为一个整体来认识世界并改造世界的。

3.1.2　个性的形成与发展

个性的形成与发展要受很多因素的影响，从先天到后天，从主观到客观诸多方面。研究表明，有些个性特征几乎是先天的，另一些个性特征又基本都是后天形成的。但是，大多数个性特征是在先天和后天这两种因素共同影响下形成的，而且主要是在后天的社会环境影响下形成的。个性形成与发展的影响因素主要表现在：

（1）遗传特质是个性形成与发展的前提；

（2）社会生活条件是个性形成与发展的决定因素；

（3）教育在个性形成与发展中起着主导作用；

（4）社会实践与主观能动性是个性形成与发展的主要内因。

总之，个性的形成和发展是多种错综复杂的因素影响的结果。其中遗传特质是自然前提，社会生活条件是决定性因素，教育起主导作用，个体社会实践活动和个人主观能动性是内因。个性正是在遗传特质的前提下，通过主体对社会实践活动的参与过程来塑造的。个性心理教育的作用就在于协调、引导、促进和规范各因素对个性形成和发展的影响。

讨论

回顾在你的成长过程中，哪些因素曾经对你或他人的个性产生影响？

3.2 气质

案例 3-2

A、B、C、D四个人一同去看表演。由于路上塞车，等到四人赶到剧院时，表演已经开始15分钟。为了不影响其他观众，剧院规定，开演10分钟后，停止检票。这时候，A向检票员怒吼："我花钱买票了，为什么不让我进去？我们是因为塞车才迟到的。你认为塞车是我们的错吗？你得让我们进去……"边说边推撞着检票员。这时，一直在旁边寻找机会的B乘机偷偷溜了进去。C干脆去旁边的咖啡馆，等候下一场演出。而D则一刻不停地抱怨自己怎么这么倒霉。

为何在面对同样的处境时，A、B、C、D四人的反应差别如此之大？是什么决定了这种差异？这就是气质的不同。不同气质的人在心理活动和行为方式上会表现出不同的特征。

3.2.1 气质概述

1. 气质的概念

气质是指一个人典型和稳定的心理活动的动力特征。它表现在人的心理活动和行为动力方面的稳定的个人特点，不会以人的活动目的和内容为转移。

在现实生活中，人们常说的气质一般是指个体的言谈举止所展现出来的风格与方式，因此时常会用气质来评价某人。在心理学中气质是人格形成与发展的基础，是具有人的身体素质及特点的人格特征。

气质是人的心理活动的动力特点，并无好坏之分。当人在进行心理活动或行为方式时，气质总会从中表现出来并具有个人色彩。不同气质的人会在情绪、意志、认知中表现出不同的特征。例如，一个气质温婉的人很难会有激动的反应。而一个气质暴躁的人一般很难集中注意力。俗话说"江山易改，秉性难移"，"秉性"就是气质。

2. 气质的特征

气质特征决定一个人情绪反应与行为活动中的速度和强度。

（1）感受性

这是人对外界最小刺激感觉的能力。可以根据人们产生心理反应所需要的外界影响的最小强度来判断这种特性。

（2）耐受性

这是人在接受人体内外刺激作用时，表现在时间和强度上的耐受程度。它表现在长时间从事某项活动时注意力的集中状态；对强烈刺激（如疼痛、噪声、过强或过弱的光线）以及微弱刺激的耐受性，持久思维活动能保持长久等方面。

（3）反应敏捷性

反应的敏捷性可以分为两类特性：一类为不随意的反应性，各种刺激可以引起心理的各方面的指向性，如不随意注意的指向性、不随意运动反应的指向性等；另一类指随意反应和心理过程进行的速度，如说话的速度，记忆的速度，思考的敏捷程度，注意转移的灵活程度，一般动作的灵活、迅速等。

（4）可塑性

这是人根据外界事物变化的情况而改变和调整自己行为以适应环境的能力。凡是能够根据外界变化及时调整自己思想和行为的人具有更大的可塑性，而在调整过程中出现纷扰、行动迟缓、态度犹豫的人表现有更大的刻板性或惰性，可塑性差。

（5）情绪兴奋性

情绪兴奋性是指以不同速度对微弱刺激产生情绪反应的特性。气质的情绪兴奋性不但表现为情绪兴奋的强度，而且还表现为对情绪抑制能力的强弱。情绪兴奋性可以有不同的组合。例如，有人有强烈的兴奋情绪，抑制能力弱；有人情绪兴奋强烈，抑制能力强，体现为极度兴奋但又不外露的气质特征。

（6）外倾性与内倾性

倾向于外部的气质称为外倾性，倾向于内部的气质称为内倾性。外倾性是兴奋性强的体现，内倾性则是抑制过程占优势的反映。外倾的人表现为心理活动、言语反应和动作反应倾向表现于外，内倾的人的表现则相反。

3. 气质的类型

气质类型是指在某一类人身上共同具有的气质特征有规律的结合。其实每个人都会同时有多种不同的气质特点，但这些特点并非偶然地彼此结合。因此，有观点认为当人在处理高级神经活动时，其神经活动的兴奋与抑制在强度、均衡性和灵活性等方面具有不同的特点，并且各个特点是有规则地互相联系着。这些特点的不同组合就形成了不同的高级神经活动类型。而这种类型特点表现在人的行动方式上，就是气质。

关于气质的学说，古希腊医生希波克拉底（约公元前 5 世纪）被认为是气质学说的创始人。他认为人体内有四种体液：血液、黏液、黄胆汁和黑胆汁。这四种体液在人体内的不同比例形成了不同的气质：胆汁质、多血质、黏液质和抑郁质。

四种气质类型的特征在行动方式上的表现，主要是：

（1）多血质的人，表现为活泼，表情丰富，敏感，对外界刺激反应迅速，情绪兴奋性高，适应性强，兴趣容易变化，缺乏持久性，有外倾性；

（2）胆汁质的人，表现为直率，热情，富有精力，坚韧有魄力，敢于承担责任，情绪兴奋性高且比较强烈，反应迅速，具有外倾性；

（3）黏液质的人，表现为安静，稳重，能忍耐，动作迟缓，反应速度慢，情绪兴奋低，较少在外部表现心理状态，不能迅速适应环境，即具有内倾性；

（4）抑郁质的人，表现为不够活泼，细心谨慎，外界刺激反应不强烈，反应速度慢，情绪兴奋低，即缺乏果断力，有内倾性。

需要提醒大家注意的是，在现实的生活之中，明确具有单一气质特点的人是很少的，绝大多数的人是混合型，也就是具有某种气质为主并且兼具其他气质的某些特征。

讨论

从班上选出四位同学，讨论他们分别属于哪种气质类型。

3.2.2 气质在管理中的意义

对于不同气质的员工，应该采用不同的管理方法。

1. 多血质

以多血质型为主的员工，他们喜欢变化有挑战的工作，对新任务与新的工作环境适应较快。他们乐于与同事相处，与他人交往，善于表现自我。他们乐观但容易激动；易产生兴趣但不坚持。

针对多血质员工的特点，更适合安排他们负责周期不长的临时性工作，或周期较短的挑战性工作。他们也适合从事对外性较强的工作。在与多血质员工交流中要注意说话简单明了，但遇到纠纷时需要尽量做好解释工作。

2. 胆汁质

以胆汁质型为主的员工，他们喜欢有难度的工作，有魄力。他们对自己的选择坚定不易动摇，遇到逆境能够坚持。但是急躁，不是很细心，所以处理细节的工作不是很适合他们。

针对胆汁质员工的特点，他们适合在团队中充当决策者的角色，适合负责周期较长需要坚持的工作。在与胆汁质员工交流中要格外注意自己的态度、语言要和善友好，切不可刺激对方。如与这类员工共同处理某项目时，要提醒其细心。对胆汁质员工过激的言行也不要去计较，因为他可能也不知道自己为什么发脾气。

3. 黏液质

以黏液质为主的员工，他们不太喜欢变化性强的工作，喜欢稳定，不喜欢经常分配新任务，也不喜欢常被派遣到不同的工作环境。他们遇到奖励也不会特别激动，情感很少外露，面部表情平淡。

针对黏液质员工的特点，更适合安排他们承担持久而较多的任务，适合在组织中负责规则的维护。在与黏液质员工交流中要注意不要过多干涉其私人空间，他们喜欢安静的环境。如果你对黏液质的员工讲了一则非常有意思的笑话，他的反应可能是微笑，或者是过一会儿再笑。

4. 抑郁质

以抑郁质为主的员工，他们具有细腻的情感，更适合需要观察、心思细腻的工作。因遇到困难时会优柔寡断，因而责任及压力较大的工作可能并不适合他们。表情腼腆，对人情感体会深刻，但并不善于表达内心。

针对抑郁质员工的特点，他们会比较适合需要体验情感的工作，比如作家、哲学家。因为对外交往的倾向很弱，所以适合相对独立的工作状态。抑郁质的员工细腻且小心，所以在发现与调整问题方面能力很强。

3.3　性格

案例 3-3

林黛玉和薛宝钗是《红楼梦》中最为重要的两个角色。在黛玉和宝钗之间到底谁更加完美，也成为了大家争论的话题。她们都很有才学，才思敏捷、机智。但是两人的结局却大不相同。是什么造就了这不一样的结局？

黛玉是个性格很复杂的人，她骨子里是坦率、纯真、不畏强权、心高志洁的，但表现出来的是尖酸刻薄、心胸狭隘、自卑多疑且又多愁善感。宝钗是个很有心机、圆滑，同时又是开朗活泼，内心很强势的人，交际能力极强，几乎赢得书中所有人的好感。

3.3.1 性格概述

1. 性格的概念

性格是与社会联系最为密切的人格特征，在性格中含有许多社会道德评价。性格表现为个人的品行道德和行为风格。性格主要体现在对自己、对他人、对事物的态度和所采取的言行上。

性格是后天形成的品格，是受所处的社会环境中众因素的影响而形成的稳定性的态度与行为。例如，善良与凶恶、诚实与虚伪都属于性格特征。性格是由一个人的众多性格特征组合而成的一个整体，对于人的态度与行为方式具有核心意义。

2. 性格的特征

性格是由许多心理特征组合而成的复杂结构。因为每个人具有的性格特征及组合方式各不相同，所以造就了千差万别的性格。按照性格的特点分析，性格具有以下特征：

（1）性格的态度特征

性格的态度特征，是指个体在对现实生活各个方面的态度中表现出来的一般特征，是性格特征中最重要的组成部分，是性格结构的"灵魂"，其他方面的性格特征都不同程度地受其影响。性格的态度特征主要包括三个方面的内容：对社会、集体、他人的态度特征；对劳动、工作、学习的态度特征；对自己的态度特征。

（2）性格的理智特征

性格的理智特征是指个体在认知活动中表现出来的心理特征，又称为性格的认知特征。例如，在感知方面，能按照一定的目的任务主动地观察，属于主动观察型，有的则明显地受环境刺激的影响，属于被动观察型；有的倾向于观察对象的细节，属于分析型，有的倾向于观察对象的整体和轮廓，属于综合型；有的倾向于快速感知，属于快速感知型，有的倾向于精确地感知，属于精确感知型。想象方面，存在着主动想象型和被动想象型、大胆想象型和抑制想象型、广阔想象型和狭窄想象型。在记忆方面，存在主动记忆型、被动记忆型、信心记忆型、无信心记忆型。在思维方面，存在独创型、守旧型、深思型、粗浅型、灵活型、呆板型。

（3）性格的意志特征

性格的意志特征是指人在自觉调节自己行为的方式与控制水平、目标明确程度以及在处理紧急问题方面表现出来的性格差异。性格的意志特征包括坚定性、自觉性、果断性、自制力等。坚定性是指在行动之前是否具有明确的目标，目标具有独立性或依赖性，能否采取一定的方法克服困难，以实现自己的目标。自觉性是指行为是否受到社会规范约束，是否具有组织性、纪律性。果断性是指在紧急或困难条件下处理问题的特点，能善于在复杂的情境中辨别是非，迅速做出正确的决定。自制力是指对行为的自觉控制能力，善于控制自己的行为和情绪。

（4）性格的情绪特征

性格的情绪特征是指人在情绪情感活动中经常表现出来的强度、稳定性、持久性以及主

导心境等方面的特征。个体在情绪表现方面的心理特征主要有以下四个方面：

在情绪的强度方面，有的人情绪强烈，性格受情绪控制；有的人情绪微弱，性格易于控制。

在情绪的稳定性方面，有的人激动，有的人稳定，有的人急躁，有的人沉稳。

在情绪的持久性方面，有的人情绪持续时间长，情绪产生后很难平复；有的人则情绪持续时间短，情绪发生后转瞬即逝。

在情绪的心境方面，有的人郁郁寡欢和悲观失望；有的人轻松愉快并且乐观向上。

3. 性格的类型

按照不同的标准和原则对性格可做出不同的分类，这些分类有助于解释不同的性格。

（1）根据知、情、意三者在性格中何者占优势划分

这一划分标准由英国哲学家、心理学家培因提出。他把人们的性格划分为理智型、情绪型和意志型。理智型的人，通常以理智来评价、支配和控制自己的行动，行为表现稳定、谨慎；情绪型的人，一般不善于思考，言行举止易受自己情绪的左右，但情绪体验深刻；意志型的人一般行动目标明确，主动积极，果敢和坚韧，具有自制力。

（2）根据人的心理活动倾向划分

这一划分标准由瑞士心理学家荣格提出。根据人的心理活动倾向于外部还是内部，把人们的性格分为外向型和内向型。外向型的人活泼开朗、善于交际；内向型的人谨慎小心、交际狭窄。

（3）根据个体独立性程度划分

这一划分标准由美国心理学家威特金提出。他把人们的性格划分为独立型和顺从型。独立型的人善于独立思考，不易受外来因素的干扰，能够独立地发现问题和解决问题；顺从型的人，易受外来因素的干扰，常不加分析地接受他人意见，应变能力较差。

（4）根据人的社会生活方式以及价值观划分

这一划分标准由德国哲学家、心理学家斯普兰格提出。他把人们的性格分为理论型、经济型、审美型、社会型、权力型和宗教型。

（5）根据人际关系划分

这一划分标准由日本心理学家矢田部达郎提出。他把人们的性格划分为 A、B、C、D、E 五种。

A 型性格情绪稳定，社会适应性及向性均衡，但智力表现一般，主观能动性一般，交际能力较弱；

B 型性格具有外向性的特点，情绪不稳定，社会适应性较差，遇事急躁，人际关系不融洽；

C 型性格具有内向性特点，情绪稳定，社会适应性良好，但在一般情况下表现被动；

D 型性格具有外向性特点，社会适应性良好或一般，人际关系较好，有组织能力；

E 型性格具有内向性特点，情绪不稳定，社会适应性较差或一般，不善交际，但往往善于独立思考，有钻研性。

4．性格与气质的关系

（1）性格与气质的区别

性格与气质的区别主要有以下三点：

其一，气质是先天的，主要是气质是人心理活动的动力特点，反映的是人在情绪与活动中表现出来的反应的速度与强度。性格是后天形成的，受社会生活环境的影响较大，是人的态度与行为方式的结合。

其二，气质并无好坏之分，性格则反之。

其三，气质可塑性小，变化缓慢。性格表现的范围广泛，具有社会道德含义，可塑性大。

（2）性格与气质的联系

性格和气质都属于稳定的人格特征。性格和气质互相渗透，相互影响，主要表现在两个方面：

第一，气质影响性格的形成与发展。例如，针对善良这一性格，一位多血质的人发现他人需要帮助时，不会考虑太多，而在第一时间帮助对方。而一位黏液质的人会在考虑了多种可能性后，不动声色地帮助对方。因此，每种性格会带上某种气质的色彩从而具有其特殊的形式。

第二，性格对气质具有明显的影响。性格对气质的影响：性格可以掩蔽和改造气质，指导气质的发展，使其服从于生活实践的要求。例如，某位抑郁质的人从事销售工作。因为工作中需要外向的性格，所以职业的要求会让他逐渐形成与人交往、健谈的特点。

> 现在有这样几种职位：档案管理员、销售人员、策划类活动管理者。你认为符合这三类职位的人员应该需要具备怎样的气质与性格？

3.3.2 性格在管理中的意义

现今职场中，有一部分因性格与职业不匹配而导致失败的案例。现实生活中有很多因素影响着性格与职业的匹配。如美国学者霍兰德提出了人格-职业匹配理论，认为一个人的性格、兴趣与职业密切相关。经过研究，他把人的性格分为六种：实际型、调查型、艺术型、社会型、企业型、传统型。

利用他人性格的长处，发挥不同性格的作用是现代人力资源管理中重要的课题。比如：企业型的人更适于做有推动力和开创性的工作，他们更有领导人的特质；社会型的人更适于做公关和打开人际关系，他们更能够营造轻松愉快的氛围、与人打成一片；调查型的人更适于做规划和研究的工作，他们如果再加企业型将是非常难得的领导人才；艺术型的人具有艺术天赋，更能深入人的内心，富有创造力；传统型的人安静从容，对待工作非常严谨。

所有这些性格都有其独特性，这样才构成了丰富多彩、刚柔相济的企业文化。在招聘新员工时，应充分考虑员工的性格与职业匹配问题。根据员工不同的性格为其安排合适的工作，同时根据不同工作对性格的要求选择适当的人才，真正做到岗有所需、人尽其才，实现人力资源配置的最优化，体现其在企业中的价值。组织管理者掌握和了解员工的性格类型与特征，实现员工性格与职业的匹配，对组织提高绩效，实现组织目标以及提高员工满意度有非常重要的作用。同时，企业在经营运行过程中也可以通过营造良好的企业文化，培养员工良好的性格，使员工性格上不利于企业文化或者具体工作的方面隐藏起来，引导员工向与职业匹配的方向发展。

从另一方面来看，虽然我们讲求工作与性格的匹配，但不能一味讲求匹配程度。因为，性格具有可塑性，受社会生活环境的影响，通过后期的实践活动，人的职业个性可以随着职业的需求作适当调整。强调注重"职业适应性"，以提高生存能力。要能够针对自身的弱点，弥补不足。

3.4 能力

案例 3-4

有一家公司正在面试员工。在人力资源部门口的走廊上正播放着柔和的背景音乐，所有的应聘者集中在这里等待公司的通知。时间一分一秒地过去了，公司方面没有任何人出现。这时，一位小伙子突然站起来，拿着资料走向二楼。又过了几分钟，广播响起：大家可以回去了，这个岗位我们已经选出适合的应聘者了。这是怎么回事？走廊上的应聘者非常诧异。

其实这是一家电报公司，在他们面试环节中播放的背景音乐中，其实暗藏着莫尔斯电码。这份莫尔斯电码的内容是"如果你听懂，请直接上二楼办公室"。而那位突然站起来走向二楼的小伙子，正是因为在喧闹的环境中发现了这一信息，所以应聘成功。

这是将观察力与专业知识紧密结合的成功案例。观察力是一种能力。所谓能力，就是能直接影响活动效率，使活动得以顺利完成的个性心理特征。能力既受遗传的影响，也受后天教育和实践的影响。能力是学习和掌握知识和技能的基础和前提，影响到掌握知识和技能的快慢和深度。能力包括一般能力和特殊能力。一般能力是指在很多基本活动中都表现出来的能力，如观察、记忆、思维等，在西方心理学中被称为"智力"。特殊能力是表现在某些专业活动中的能力，它只适用于某种狭窄活动范围的要求。

3.4.1 观察力

1. 观察力概述

观察力就是人脑对事物的观察能力，是人们运用各种感觉器官（眼、耳、鼻、舌等）或借助仪器，有目的、有计划地对事物进行考察和了解的一种过程和方法，它在人类实践活动的各个领域中都具有极其重要的意义。观察力是人类智力结构的基础，因此有人说"思维是核心，观察是入门"。

在著名的侦探小说《福尔摩斯探案》中有这样一个情节：福尔摩斯与华生第一次见面，就立刻辨别出华生是前往过阿富汗的军医。关于这一结论的得出，书中有一段分析过程："这一位先生，具有医务工作者的风度，但却是一副军人气概。那么，显见他是个军医。他是刚从热带回来，因为他脸色黝黑，但是从他手腕的皮肤黑白分明看来，这并不是他原来的肤色。他面容憔悴，这就清楚地说明他是久病初愈而又历尽了艰苦。他左臂受过伤，现在动作看来还有些僵硬不便。试问，一个英国的军医在热带地方历尽艰苦，并且臂部负过伤，这能在什么地方呢？自然只有在阿富汗了。"

从以上这段文字中，我们可以看出福尔摩斯超然的观察力。观察力的强弱，决定了第一次收集信息的多少，为其他能力的进一步发挥积累了初始的资源优势。

2. 观察力的重要性

观察力是非常重要的能力，在初次面对一件事物或某人时，只有先通过观察，才能进一步思考，想出合适的对应，缺乏观察力，会失去很多学习、吸收知识的机会。

首先，观察是认识世界的窗口，是获得一切知识初始的途径，是一切科学发明和艺术创造的前提。一切科学理论，相关定律，都是建立在精准的观察基础之上。人们通过观察发现了植物播种生长的规律，由此从狩猎转为农耕文明。在学习生活中，良好的观察力能加快和加深对学习内容的接受程度，提高效率。因此，观察是人们获得知识、提高认识的有效途径。

其次，观察有助于区分事物，把握事物本质特征。人们认识事物，都是从观察开始，而后注意、记忆和思维。倘若观察力较弱，则会对事物的定义不明，从而影响随后的理解与吸收。

最后，良好的观察力是实践活动的动因。许多科学家、研究学者之所以能够在他们的研究领域内有所成就，很多时候并不是因为他们有多么聪明，而在于他们更善于发现问题、探究问题，在于他们不同寻常的观察力。

案例 3-5

一天，伽利略坐在教室里，看到一盏悬挂在长绳子上的灯。他注意到这盏灯正在摆动，一个孩子走了过来，把灯点亮了。等孩子走后，灯还在来回摆动。这原本是一件平常的事，但伽利略却感到好奇——怎么每次摆动的时间几乎都一样？为了一探究竟，他走上去推了一下灯，再仔细观察。开始灯摆动的幅度很大，后来逐渐变小，但摆动的幅度不论大小，所需要的时间都相同。回家后，伽利略找来两根相同长度的绳索，每根绳子拴上一块相同重量的铅块，然后分别将两条绳子的绳头系在房子的横梁上，构成两个单摆。再将这两个铅块分别拉到不同的位置，同时松手。他分别数了两根绳索的来回次数。结果发现，两根绳索的起点虽然不相同，但在同样的时间内摆动的次数却是一样的。伽利略由此发现了自然的节奏原则——"等时性原理"。今天这个原理已经广泛应用于时钟计时，计算日食和推算星辰的运动等方面。

俗话说："处处留心皆学问，勤察深思出真知。"著名生物学家达尔文也说过："我既没有突出的理解力，也没有过人的机智，只是在观察那些稍纵即逝的事物并对其进行精细观察的能力上，我可在众人之上。"可见，观察力是人类智力方面的重要能力。

3. 观察力培养

（1）明确观察目的

观察力本身就是一种有目的、有计划的知觉过程。因此，明确的目的决定着观察的效果，是提高观察力的前提。任何漫无目的的观察，只会使得在一定时间内接收的无关信息更多，从而影响观察结论的得出。

针对相同的事物，不同的观察者基于不同的目的，会得出不同的结论。例如，在商务谈判时你观察对方的表情和动作，是为了判断对方对于内容的接受程度；在面试招聘时，你的观察是为了判断对方是否适合岗位。因此，在观察事物之前，明确观察的目的，按照需求一步步系统地观察，这样才不容易遗漏有用的材料，提高观察的效率。

（2）养成观察习惯

平时养成良好的观察习惯，这有利于在一定时间内把握更加准确的信息。例如，一个歹徒冲进银行抢劫。事后，当警察向目击者做笔录时，平时没有观察习惯的人可能难以说出歹徒的特征。但有观察习惯的人可能已经注意到歹徒的身高、衣着等特征。

（3）积累观察经验

知识经验和良好的观察力是相互依存的。首先，良好的观察力是我们获得丰富知识和经验的前提条件；其次，丰富的知识和经验又是我们提高观察力的重要因素。因此，若想要提高观察力，我们必须不断积累观察的知识经验。

例如，人们总结出了某些领域中的职业特征：

如果一个人经常使用计算机，那他的指尖部分的老茧一定比较重。

如果是厨师，一般脸部皮肤差，体形略胖，手腕比较有力，用力的手臂手背部可能有细小的烫伤。

如果是司机，那在他手上，经常握方向盘的部分的老茧特别厚。

如果是一个军人，那他的体格一定比较健壮，皮肤一般比较黝黑，腰板挺直，整个人散发出一种特殊的气质。

（4）运用观察方法

首先，在观察中要坚持客观性，不可带进先入为主的观点。其次，针对不同的观察对象合理运用观察方法，如对比观察、直接观察、间接观察、重点观察、全面观察……

所谓的"读心术"，就正是合理运用观察方法，通过经验积累，从而快速把握对方心理的观察过程。

3.4.2　记忆力

1. 记忆力概述

记忆是人脑对过去经验的保存、再现的心理过程。通过记忆过程不仅能记住事物的外形和名称，还能认识到该事物与以前学过的某物的相似点与不同之处。记忆是人脑对客观事物的反映，属于认知过程。但是记忆并不是直接作用于感觉器官，而是发生在感觉与知觉之后，是对过去信息的处理。

记忆是一个非常复杂的过程，主要分为三个环节：包括对信息的识记、保持、再认或回忆。若把"记忆"一词分开来看，"记"是将信息识记和保持，"忆"是在需要时对信息再认或回忆。识记是记忆的开始，是保持与再认两个环节的前提。保持是记忆力强弱的重要标志，记忆力越强的人，信息在人脑中保持的时间也就越长。再认是将过去储存在人脑中的信息识别与确认。回忆是将过去的信息提取出来的过程。记忆中的几个环节相互影响与促进：识记和保持是再认或回忆的前提，再认或回忆是识记和保持的结果，并且进一步加强识记和保持的内容。

2. 记忆力分类

根据不同的标准，可以把记忆分为不同的类型。

（1）根据记忆的时间划分

根据记忆时间的不同来分类是对记忆最基本的分类方式，可以将其分为三种不同的类型：感觉记忆、短期记忆和长期记忆。

（2）根据记忆的内容划分

根据记忆的具体内容，可以把记忆分为表象记忆、情绪记忆、逻辑记忆、动作记忆。

表象记忆是以感知过的事物形象为记忆的具体内容，记忆的内容具有形象性与直观性。比如，对事物形状、大小、颜色的记忆。

情绪记忆是以曾经体验过的情绪或情感为内容的记忆。比如，有人曾经在海边有过愉快的旅游经历，那么当他一段时间后接触与大海有关信息，就会想起当时的经历，并获得愉快的感受。

逻辑记忆是以词语为中介、以逻辑思维成果为内容的记忆。概念、定理、公式、观点等都是逻辑思维的成果，人们借助词语会产生针对这一成果的抽象概括。逻辑记忆是人类所特有的，随着科学的发展，这类记忆越来越具有重要的作用。

动作记忆是指以过去做过的运动或动作为内容的记忆。比如，一位游泳运动员，退役之后，多年没有游泳，但他不会忘记怎么游泳。

（3）根据记忆的意识参与程度划分

根据记忆过程中意识的参与程度分类，可以将记忆分为两种不同的类型：无意记忆和有意记忆。

（4）根据记忆的感知器官划分

根据记忆的感知器官不同来分类，可以分为六种记忆类型：视觉记忆、听觉记忆、嗅觉记忆、味觉记忆、肤觉记忆、混合记忆。

讨论交流在日常学习中，大家积累了哪些好的记忆方法？

3. 记忆力培养

记忆力是一种基本的心理活动过程，对于保证人的正常学习、工作与生活起着极其重要的作用。记忆是学习的过程之一，也是学习能力的体现。

（1）认识遗忘

现实中记忆有一个强大的敌人——遗忘。德国心理学家艾宾浩斯对人的记忆与遗忘过程进行研究实验，最终得出艾宾浩斯遗忘曲线。遗忘曲线显示，在识记某一事物后的短时间内，记忆数量急剧下降，然后下降速度渐渐变慢，最终趋于平稳。这说明遗忘的速度是先快后慢，而到达一定时间后，不会再遗忘。

（2）提高记忆力的方法

① 初次记忆

在初次记忆信息时，为了增强记忆效果：首先，在记忆时要集中注意力，聚精会神、专心致志，排除杂念和外界干扰。如果一心二用，就会大大降低记忆效率。其次，要理解记忆，只有理解的东西才能记得牢、记得久。再则，多种感觉器官相结合，可以同时利用语言功能和视、听觉功能，来强化记忆，提高记忆效率。最后，对学习材料在记住的基础上，多记几遍，达到熟记、牢记的程度。

在记忆过程中还可以灵活运用多种记忆方法，比如联想记忆。下面就举两个例子。

例一：现在你需要在 30 秒内按顺序记住以下 10 种事物：杂志、鲸鱼、老虎、大衣、手表、馒头、自行车、杨树、提包、轮船。如果直接单独记忆这 10 个词语，会比较困难且容易遗忘。可采用联想编故事的方法：一本杂志上有一头鲸鱼，旁边站着虎视眈眈的老虎，老虎被穿着大衣、戴着手表的猎人打死，猎人狩猎后带着馒头，骑着自行车来到一棵杨树下，取走树下的提包去 c 地乘坐轮船。

例二：珠穆朗玛峰海拔 8844 米，你可以联想谐音为"爬爬试试"。

② 初级记忆活动后

在初次记忆活动后，为抵抗遗忘速度应该及时复习。遗忘的速度是先快后慢。对刚学过的知识，趁热打铁，及时温习巩固，是强化记忆痕迹、防止遗忘的有效手段。

③ 在平时的生活中也有许多细节可以增强记忆力

其一，科学用脑，在保证营养、积极休息、进行体育锻炼等保养大脑的基础上，科学用脑，防止过度疲劳。其二，保持积极乐观的情绪，能大大提高大脑的工作效率。其三，科学膳食，多摄取对大脑有益的食物。如吃一些富含磷脂的食物可以补充大脑记忆所需，如鱼头、核桃、花生等。

课后练习

一、名词解释

1. 个性
2. 性格
3. 气质

二、填空题

1. 个性特征表现为存在于社会环境中的个体具有气质、_____、_____等方面的个性差异。

2. 气质特征决定一个人的_____与_____。

3. 性格是后天形成的品格，是受所处的社会环境中众因素的影响而形成的稳定性的_____与_____。

4. 性格的情绪特征主要有：情绪强度特征、情绪稳定性特征、_____特征、_____特征。

5. 能力包括_____和_____。一般能力是指在很多基本活动中都表现出来的能力，如_____、_____、思维等，在西方心理学中被称为"智力"。

6. 记忆是人脑对_____的保存、再现的心理过程。主要分为三个环节：包括对信息的_____、_____、再认或回忆。

三、简答题

1. 气质分为哪些类型，其在行动方式上具有怎样的表现？
2. 一个人的性格与气质之间具有哪些异同点？

第4章

个性倾向

知识要点

❖ 掌握需要的概念及其不同的理论，并学会运用不同的需要理论分析现实问题。

❖ 掌握动机的概念、功能及分类。

❖ 正确理解并运用马斯洛的需要层次理论。

课堂训练

心理小测试：你潜在是天使还是魔鬼！

第一眼看到什么，说明你潜在是什么。

在上图中，黑色部分是"魔鬼"，白色部分是"天使"。在这幅图上同时具备这样两个对立的元素，但是为什么在第一眼只能看到其中的某一元素呢？因为每个人的个性不同，内心的某种倾向性也不一样，所以在看见某一事物时，就会在开始只注意到具有某一倾向的元素。这就是个性倾向。

4.1 需要

案例 4-1

某企业的老板，他赋予下属员工更多的工作和责任，并计划通过赞扬和赏识来激励下属员工。结果事与愿违，员工的积极性非但没有提高，反而对老板的做法强烈不满，认为他是在利用诡计来剥削员工。为什么结果与计划之间会产生这样的错位呢？

案例分析：这位企业老板之所以会引发员工的强烈不满，其实是因为他忽视了员工与管理者的需要并不相同。作为一名基层员工，在大多数情况下，他需要的是与付出相当的收入。而中层管理者所需要的是领导的赏识并被赋予更多的责任。因此，在面对不同类型的对象时，我们需要充分认识对方的需要，这样才能恰到好处地提高管理效率。

4.1.1 需要的概念

1. 需要的含义

需要是人对生理需求和社会需求的反映。个体通过需要和满足需要的活动，使体内环境与外界环境（主要是社会环境）保持平衡，以维持自身的生存与发展。

需要是活动的原始动力，是个体活动积极性的源泉。需要一旦被意识到，就形成一种寻求满足的力量，驱使人朝着一定的对象去活动，以满足这种需要。一般来说，需要的强度越大，活动的积极性就越高；需要的强度越小，活动的积极性就越低。

需要的特点：

（1）对象性。需要总是对一定对象的需求。比如，饥饿了对食物的需要，渴了对水的需要。长期的紧张感会产生对轻松感的需要，其需要对象可能是休息，可能是疗养，也可能是外出旅游。

（2）选择性。选择性是对象性的延伸。如食品中的哪种食品，衣服中的哪种衣服，外出旅游选择哪里为目的地以及哪种交通工具等。

（3）周期性。人的需要不会因获得满足而终止，有些还可以重复产生，以饮食、睡眠、休息等生理需要最明显。

（4）发展性。随着社会的进步与人的环境的改变，人的需要也在发展，并不是一成不变的。如对知识、荣誉、地位等的需要，在所有需要得到满足的基础上又会产生新的更高一级的需要。

讨论

需要是人和动物共有的心理现象。请查阅有关资料，分析人类的需要和动物的需要的本质区别。

2．需要的分类

（1）按需要的起源分类

① 天然性需要

天然性需要是指人为了维持生命和种族延续对所必需的衣、食、住、行，以及运动、安全等的要求。

② 社会性需要

社会性需要是指人为了维持社会生活而进行的社会生产和社会交往、社会道德等方面的需要。如要进行社会生产，便产生了对劳动工具、劳动资料以及生产知识和技能的需要。此外，人们对政治地位、事业成就、社会威望和文化娱乐、旅游、友谊、尊重等的需要，都属于社会需要。

（2）按需要的对象分类

① 物质需要

物质需要基本上是生活上的自然需要，它是人的生活的基础，如吃、穿、用、住、行方面的需要。

② 精神需要

精神需要是人所特有的对精神生活和精神产品的需要，如求知、审美、道德、宗教信仰、理想追求等。

物质需要和精神需要密不可分地联系在一起，是相互影响、相互促进的。

（1）物质需要是精神需要的基础，为了满足精神需要，必然要有相应的物质基础。例如，为了满足求知的精神需要就离不开对书、笔等学习工具的物质需要。只有在基本的物质需要得到一定程度的满足之后，才会产生一定的精神需要。物质需要的满足和发展又会促使新的精神需要产生。

（2）精神需要的满足和发展也刺激物质需要的发展。

（3）物质需要和精神需要往往是相互结合、相互渗透的。审美需要渗透在物质需要的各个领域，如向往时尚的衣着、舒适的住房、外观美丽的家具等。人们的精神需要也往往以物质需要的满足为手段，对食物的需要虽然是生理需要，但其对象的性质又是物质的。例如，人们欣赏歌舞音乐陶冶情操是精神需要，这就产生了对歌舞剧院、彩电、录音机等的物质需求。

讨论

分析旅游者的精神需要主要体现在对文化的需求的原因，并举例说明。

4.1.2 需要的不同理论

1. 马斯洛的需要层次理论

美国心理学家马斯洛将人类的需要分为宝塔式的五个层次，从低到高依次为生理需要、安全需要、社会交往需要、尊重需要和自我实现需要。旅游者需要的层次性原则也符合马斯洛的需要层次理论。

马斯洛认为，我们是生物人，因此我们有生理需要。我们要生存，须有果腹之食、蔽体之衣、栖身之屋，特别是对食物的需要强烈。人饿了要有东西吃，冷了要有衣服穿，这是人类生存的本能所驱使。因此，生理需要是人类最原始、最基本的需要。但旅游者满足生理需要并不是只限于求生存，还要使人体各器官感觉轻松、舒适、快乐。以吃为例，既要使肚子有饱的感觉，还要讲究色、香、味、形，讲究酸、甜、苦、辣、咸五味调和，恰到好处。

安全需要是在生理需要的基础上产生的一种需要。按照马斯洛的理论，安全需要一般以两种形式表现出来：一种是有意识的安全需要——谁都不希望灾难降临，谁都希望平安幸福。"年年岁岁除夕夜，爆竹声中迎新春"这一社会风俗就是这种心态的典型反映。另一种是无意识的安全需要，如遇事谨慎、小心等。马斯洛认为，这种需要虽然一生中无时不在，但以童年时期最为强烈。

人人都有安全的需要。越是显贵富有，安全需要越是强烈，出门在外的旅游者也时刻不忘安全第一。

马斯洛认为，在前两种需要得到相当满足之后，才会有社会交往的需要，即感情、爱情、归属的需要。社会交往需要比生理需要、安全需要更细致、更难以捉摸，几乎无法直接测定。

社会交往这一层次在蜜月旅游、结伴旅游和修学旅游的旅游者中占的比重很大。

尊重的需要包括对人的价值的尊重和对社会地位的尊重。对人的价值的尊重又包括自我尊重、对他人的尊重和受他人的尊重。马斯洛认为这三方面紧密相连，只有首先尊重自己，对自己一切行为负责的人，才有可能尊重他人，别人也能尊重他。如果一个人连自己都不尊重，他是不会懂得尊重别人的，别人也没有必要尊重他。尊重别人和受别人尊重是互为因果、相互制约的。

人人都有自尊心、自豪感，都有表现自己在社会结构中所起作用的需要或欲望。人人都希望得到他人的承认与尊敬，享有一定的威望。当旅游者在饭店等服务性单位成为"客人"的时候，这种想受到尊敬的需要表现得最为突出。此时，他们以"上帝"的身份出现，要求饭店等单位做到"宾客至上"，提供优质服务。

自我实现需要在人的需要层次结构中位于最高层次，是实现自己理想抱负的需要。上述四种需要即使都已得到满足，有的人还发挥自己全部潜能的需要，用马斯洛的话来说，就是"能成就什么，就必须成就什么"。

具有这种高层次需要的旅游者把个人的成就看得比金钱更重要，甚至可以为此献出生命。近年来，当代的"徐霞客"不断涌现，尧茂书就是其中的一位杰出代表。

人的需要是不断发展的。一种需要满足了，另一种需要又会出现；低层次需要满足或一定程度满足了，高层次的需要就会产生。旅游者的需要，也是这样不断发展的。当今社会已进入高科技知识经济时代，与科技发展相应，旅游者的需要越来越时尚，如电子商务、网络经济绿色消费、生态旅游等。

马斯洛需要层次理论遵循以下规律：

（1）人类的需要按照由低到高不断递进的顺序分为若干个层次。

（2）层次越低的需要，强度越大；层次越高的需要，其强度越弱。

（3）只有较低层次的需要得到满足后，较高层次的需要才会出现并要求得到满足。

讨论

学习了马斯洛的需要层次理论后，谈谈你的哪些需要没有得到满足，哪些得到了满足。

2. 舒茨的人际需要理论

社会心理学家舒茨提出人际需要的三维理论。舒茨认为，每一个个体在人际互动过程中，都有三种基本的需要，即包容需要、支配需要和情感需要。这三种基本的人际需要决定了个体在人际交往中所采用的行为，以及如何描述、解释和预测他人行为。三种基本需要的形成与个体的早期成长经验密切相关。

当个体有想要与人接触、交往，想与他人建立并维持一种满意的相互关系的需要时，这种需要就是包容需要。在个体的成长过程中。如果一个人社会交往的经历过少，家庭成员之间缺乏正常的交往，缺乏同伴之间的交流，那么该成员的包容需要就没有得到满足，他们就会与他人形成相互否定的关系，从而产生焦虑，于是在行为上开始少言寡欲，倾向于与人保持距离，拒绝参加群体活动。如果个体在早期的成长经历中社会交往过多，包容需要得到了过分的满足的话，他们又会在人际交往中过多地寻求与他人接触、寻求他人的注意，热衷于参加群体活动。在旅游过程中，参加旅游团的旅游者，大部分都有着包容需要，他们都想与团队中的其他成员交往、接触。

个体控制别人或被别人控制的需要是指支配需要，是个体在权力关系上与他人建立或维持满意人际关系的需要。专制型行为方式的个体，倾向于控制别人，却反对别人控制自己，他们喜欢拥有统治权，喜欢帮助别人做出决定。服从型行为方式的个体，表现为过度顺从、依赖，不愿意对任何事情或他人负责任，在与他人进行交往时，这种人表现得相当低调。不同的旅游者在团队活动中的表现是不一样的，有的愿意服从导游的安排，有的则不倾向于服从导游的安排，喜欢自作主张安排自己的行为。

个体在人际交往中建立并维持与他人亲密的情感联系的需要是情感需要，是个体爱别人或被别人爱的需要。当个体在早期经验中缺少情感需要时，个体就会倾向于表面上对人友好，但在个人的情感世界深处，却与他人保持距离，总是避免亲密的人际关系。如果个体在早期经历中被过于溺爱的话，他就会在行为表现上强烈地表达个人情感，并总是在任何方面都试图与他人建立和保持情感联系，非常希望自己与别人有紧密且无可替代的关系。如果个体在早期生活获得的关心和爱是适当的，他们则能适当地对待自己和他人，能适量地表现自己，他们对自己充满自信，而且能够依据具体情况与他人保持一定的距离，也可以与他人建立亲密的关系。旅游者在旅游过程中通过相互间的交流、沟通、接触往往能产生浓厚的友谊，所以旅游过程中也可以交到自己乐于交流的群体。

舒茨的人际需要理论主要是阐述人际关系的形成、取向类型以及小组聚散过程特征的理论。舒茨的理论主要有以下几点：

第一，每一个人都有三种基本的人际需要：包容需要、支配需要、情感需要。三种基本需要的形成与个体的早期成长经验密切相关。

第二，需要满足方式具有相对的继承性与连续性。

第三，基本人际取向。根据三种需要的相对强度和表达的主动或被动性，舒茨界定了六种基本人际关系取向。

第四，关于"相容"，舒茨认为人际关系中存在着三种人际相容：互换的相容、发动的相容、交互的相容。

第五，关于小组的形成与瓦解。小组的形成、发展要经历沟通、控制与爱三个阶段。

讨论

... 请两名同学讲讲你生活中与人际需要理论相关的一件事情（电影、书、感受、见闻等都可以）。

时间：准备 8 分钟；讲解 3 分钟。

案例 4-2

赵军怎么了

赵军怎么了？赵军同学变得不爱学习了，他开始厌倦学习。他为什么会如此讨厌上学呢？因为他考试总是不及格。数学老师还甩着鲜艳的粗笔在他的试卷上批道："卷面潦草，思维混乱，简直不是人写的！"

但在内心中他想争第一，却又认为自己怎么也无法争到第一。其实赵军也曾有过辉煌的成绩：小学连续三年三好学生，在市"希望杯"竞赛中获过二等奖，小学毕业被保送到初中。然而，升入初中后的第一次摸底测验，他只排在第 24 名，从此赵军便丧失了自信心，连他最擅长的数学也爱听不听，作业也马马虎虎——因为他再也不是第一！

案例分析：造成赵军这种状况的原因，除他自身的因素外，还有一个重要的原因便是学校、家长在教育过程中过分重视考试、分数、竞赛、名次等外部强化手段去激励学生学习，而忽视对学生内在动机的培养和调动。本来赵军同学是一个爱学习的孩子，不仅小学时是这样，而且到了初中，仍然保持着一份好奇心和求知欲。他本来喜欢学数学，但数学老师在教育方式上的严重失误，使他彻底丧失了自尊和自信。

4.2　动机的概念

4.2.1　动机的概念

动机是为实现一定的目的而行动的原因。引起动机必须有内在条件和外在条件。

引起动机的内在条件是需要，动机是在需要的基础上产生的，离开需要的动机是不存在的。当需要在强度上达到一定水平，并且有满足需要的对象存在时，就引起动机。

驱使有机体产生一定行为的外部条件称为诱因。诱因可以分为正诱因和负诱因。凡是个体因趋向或接受它而得到满足时，这种诱因称为正诱因；凡是个体因逃离或躲避它而得到满足时，这种诱因称为负诱因。

在动机中，需要与诱因是紧密相连的。需要比较内在、隐蔽，是支配人们行动的内部原因；诱因是与需要相联系的外界刺激物，它吸引有机体的朝向性活动，并使需要有可能得到满足。所以，需要推动人们去活动，并使活动朝向外界的诱因，从而使活动具有目的性和方向性。当人们的需要得到满足后，诱因的吸引力降低，动机的强度也随之减弱或消失。

动机是激励人们行动的原因。动机以需要为基础，又是产生行为的前提。比如，喝水这一行为，其动机是为了解渴；读书学习这一行为，是为了学得本领，适应工作需要。从需要的产生到需要的满足，就是一个人的行为过程，这在任何情况下都是一样的。由于人们的需要是不断产生、发展和变化的，因而人的动机也在不断地产生、发展和变化，而且永无止境。一个人不再产生动机之时，就是他的生命枯竭之日。

动机是人类行为的直接原因，但不是终极原因。动机受人的目的所指引，目的则受需要而决定，动机是起点，目的是归宿。也就是说动机与效果应该是统一的，有一个好的动机，才会产生一个好的效果。但动机与效果有时也不统一，同样一种行为，由于动机不同，目的常常不一样。在比较复杂的行为中，往往有几种动机，如主导动机与次要动机等。

通过调查，了解班上同学学习的动机。

4.2.2 动机的分类

人类动机十分复杂，这里介绍和需要相关联的动机分类法（也就是根据动机的起源进行分类）。

（1）生理性动机

这是与生理需要相联系的动机，如饥饿、干渴、睡眠、性等动机。生理性动机是一种基础的动机，也称驱力，它以有机体本身的生物学需要为基础。生理性动机推动人们去活动，从而满足某种生物学需要。当这种生物学的需要得到满足时，生理性动机便趋于下降。由于人是社会的实体，人的生物学需要以及满足这些需要的手段，都将受到人类社会生活的影响。

生理性动机的种类包括：

饥饿：与胃壁收缩有关；与血液化学成分有关；与下视丘的神经中枢有关（饥饿与厌食中枢）。

渴：与中枢神经系统及血液的化学变化有关。

睡眠：与机体的疲劳程度有关。

（2）社会性动机

这是与社会需要相联系的动机，如成就、交往、归属、学习等动机。

社会性动机的种类中比较高级的有：兴趣、成就动机、权力动机、交往动机。

（1）兴趣：是人们探究某种事物或从事某种活动的心理倾向，它以认识或探索外界的需要为基础，是推动人们认识事物、探求真理的重要动机。

（2）成就动机：是人们希望从事对他有重要意义的，有一定困难的，具有挑战性的活动，在活动中能取得完满的结果和优异成绩，并能超过他人的动机。

成就动机对个体的活动有重要的作用。

成就动机的高低还影响到人们对职业的选择。

人们的成就动机是在生活环境的影响下形成的。

（3）权力动机：是指人们具有的某种支配和影响他人以及周围环境的内在驱力。

（4）交往动机：是在交往需要的基础上发展起来的一种重要的社会性动机。

讨论

通过理想、信念、价值观等方面的教育来调动学生的学习积极性是否有科学道理？

4.2.3 动机的作用

动机在人的行为活动中具有以下作用：

1. 引发作用

人类所有的各种活动总是由一定的动机而引起。动机是活动的原动力，它对活动起着始动作用。

2. 指引作用

动机指引着活动的方向，使活动具有一定的方向性，从而朝着预定的目标前进。

3. 激励作用

不同性质和强度的动机对活动的激励作用是不同的。动机的高低不同，所起的激励作用不同，高尚的动机往往要比低级的动机更具有激励作用。动机强度不同，起到的激励作用也不同，强动机往往比弱动机具有更大的激励作用。

人的行为总是受一定的动机支配和调节的。动机是行为发生的内部原因，而行为是实现动机的外部活动。由于人的动机的多样性和人的行为的多变性，因此人的动机和行为之间的关系十分复杂。在许多情况下，动机和行为并不是一对一的关系，可能是一种动机影响多种行为，也可能是一种行为受多种动机的影响。动机和行为之间的复杂性还表现在动机和行为

57

的效果不完全一致方面。一般情况下，动机和行为效果是一致的。之所以会出现不一致，是因为从主观上的预期效果到客观上的实际效果中间有一个过程。在这个过程中，由于受对动机本身的认识，对实现目的的方法的认识，对客观实际情况的了解和个人实际经验等的影响，极有可能造成头脑中已有的活动动机和实际起作用的动机相矛盾，从而产生动机和效果之间的不一致，如所谓的"好心办坏事"。

动机是一种内部因素，是无法直接观察到的。但这并不意味着人的动机是不可知的，动机总是要在行动中表现出来。因此，根据行为的强度与持久性，可推测动机的强度；根据行为方向和内容，可推测动机的社会性质。总之，在对一个人行为的长期观察和分析中，最终会了解一个人的真实动机所在。

讨论

结合实际谈谈怎样才能激发同学们的学习动机。

课外知识一点通

动机与需要的关系

为实现一定的目的激励人们行动的内在原因指的就是动机。人从事任何活动都有一定的原因，这个原因就是人的行为动机，动机可以是有意识的，也可以是无意识的。它能产生一股动力，引起人们的行动，维持这种行动朝向一定目标，并且能强化人的行动，有人称之为驱动力。

动机是在需要刺激下直接推动人进行活动的内部动力。个体的内在过程是动机，这种内在过程的结果是行为。引起动机的两个条件是：内在条件和外在条件。

需要是内在条件，动机是在需要的基础上产生的，不存在离开需要的动机。而且只有需要的愿望很强烈、满足需要的对象存在时，才能引起动机。例如，求职需要学历，而且学历越高，求职的难度就越小。为了能找到合适的工作，人们就需要一定层次的学历，这就会激发起人们再学习、再深造的动机。外在条件就是能够引起个体动机并满足个体需要的外在刺激，称为诱因。例如，对于饥饿的人而言，食物就是诱因；对于应届高中毕业生来说，考上名牌大学是诱因；对于要求进步的学生来说，学校的奖励和老师的表扬是诱因。诱因可能是物质的，也可能是精神的。

产生动机的主要要素有两个：一个是个体的内在条件——需要，一个是个体的外在条件——诱因。在个体强烈需要又有诱因的条件下，就能引起个体强烈的动机，并且决定他的行为。

　　动机和需要之间又是有区别的。需要是人们对某种目标的渴求或欲望，主要和人们的主观愿望相联系。动机在需要的基础上产生，主要和人的行动相联系。也就是说，需要并不能直接产生行动，而必须先产生动机才能引起人的行动，动机是需要与行动之间必经的一个中间环节。动机虽然是在需要的基础上产生的，但并非所有的需要都能成为动机。这是因为，需要必须达到一定强度并有相应的诱因条件才能成为动机。而动机行动的结果，要么是达到目标，产生新的需要，要么是遭受挫折。

课后练习

一、选择题

1．能推动人们从事社会活动、参与社会团体，并在其中获得认可地位与成就感的动机被称之为（　　）。

　　A．生理性动机　　　　B．社会性动机　　　　C．主导动机　　　　D．从属性动机

2．人们努力去寻求一个可以接纳他的团体，努力成为其中一员，以满足自身对归属的需要，这种需要被称之为（　　）。

　　A．自我实现的需要　　B．自尊的需要　　　　C．安全的需要　　　　D．爱与归属的需要

3．下列哪句话是错误的？（　　）。

　　A．物质需要仅指生理性需要　　　　　　　B．社会性需要是人类所特有的高级需要

　　C．人的活动总是由一定动机引起的　　　　D．动机是在需要的基础上产生的

4．下列说法不正确的是（　　）。

　　A．需要具有目的性　　　　　　　　　　　B．需要具有方向性

　　C．需要比较内在隐蔽　　　　　　　　　　D．需要是支配人们行动的外因

二、填空题

1．需要是人对_____和_____的反映。一般来说，需要的强度越大，活动的积极性就_____；需要的强度越小，活动的积极性就_____。

2．美国心理学家马斯洛将人类的需求分为宝塔式的五个层次，从低到高依次为_____、_____、社会交往需要、尊重需要和_____。

3．社会心理学家舒茨提出人际需要的三维理论。舒茨认为，每一个个体都有三种基本的需要，即_____、_____和_____。三种基本需要的形成与_____密切相关。

4．引起动机必须有_____和_____。动机是在_____的基础上产生的。

5．动机在人的行为活动中具有以下作用：_____、指引作用、_____。

三、简答题

1．需要有哪些不同的分类标准？

2．需要有哪些特点？

3．简述需要与动机的关系。

模块二　旅游行为中的心理分析

第5章

旅游者的个性心理特征

知识要点

❖ 了解旅游者的个性类型和特征。
❖ 学会在旅游接待服务中针对不同个性旅游者的服务对策。
❖ 了解旅游者的不同类型。
❖ 会恰当运用某种对策为旅游者提供服务。

📖 **课堂训练**

当你在吃玉米棒子时，你通常采用以下哪种吃法？

A．由上往下啃着吃 　　　　　　　　 B．从中段开始吃

C．掰成两半再吃 　　　　　　　　　 D．切成小块再吃

通过对吃玉米方式不同的解读，可以知晓一个人的个性。

答案解读：

答案 A：你是一个不拘小节的人，不太在乎别人的看法、想法，当你自己想做一件事情时，你就会行动。在他人的眼中你是个充满活力、积极、有行动力的人。

答案 B：大多数人属于 B 类吃法。你在平常与人相处时都保持着距离，不会去侵犯他人，有能力保护自我，一般不会贸然行动，习惯多观察别人的行动后再做决定。

答案 C：一般女孩子多属于此类型，比较谨慎，时时在意别人的眼光，所以不喜欢引人注目，当然在团体中也不太会表达自己的意见，内向且顺从。

答案 D：你非常情绪化，总是让人抓不准你的脾气，由于喜欢追求物质上的享受，所以会表现为虚荣和浪费，应该不太习惯于储蓄。

　　你在进行了以上测试后，有没有发现答案非常准确？其实，个性是融入生活、融入行为之中的。在旅游过程中，我们往往缺少时间去专门研究旅游者的个性，但是可以通过他们的行为去认识。这就是本章旅游者个性心理特征学习的内容。

5.1　旅游者的个性

📊 **案例 5-1**

　　导游员李晓倩在带团的过程中，用晚餐时发现有一年轻姑娘随便动了几下筷子便悄然离席，后来得知那天恰好是她生日，她打算出去找个地方独自过生日。作为导游的李晓倩终于劝说她回到餐桌，并代表旅行社给她送上了一个生日蛋糕，并送上了生日歌，透过闪烁的烛光，姑娘非常感动。

　　案例分析：个性化服务若能如此服务到游客心里头才真正可称之为优质服务。导游服务质量实现了由被动接待到主动服务奉献爱心、奉献真情的飞跃。导游员李晓倩的做法是值得学习和借鉴的，倘若根本就没有年轻姑娘悄然离席这一前奏，其服务也就更趋完美了。

5.1.1　旅游者个性的类型

　　旅游者的个性是指旅游消费者在旅游活动中经常表现出来的，比较稳定的带有一定倾向性的心理特征，是一个人区别于另一个人的独特的心理面貌。个体特性可以体现在一个人的内在性格和外在表现上，如热情奔放、孤僻冷傲、聪慧敏捷、善良助人等。旅游服务从业者面对的服务接受者即游客有着不同的个性特点。因为游客是来自不同的地方，并且拥有不同的社会地位和身份，这就造成他们有不同的旅游需求，所以，只有了解旅游者的个性才能为

他们提供具有针对性的服务。

（1）外倾型和内倾型的心理特点

外倾型：这一类型的人心理活动倾向于外部，做事情表现出活泼、开朗的特征，比较容易流露自己的感情。待人接物虽然决断快，独立性强，喜欢同他人交际，但是有时会表现出缺乏自我分析和自我批评的能力，容易忽视小事情。

内倾型：心理活动倾向于内部，感情比较深沉，待人接物比较小心谨慎，经常反复思考。常因过分担心而缺乏决断力，但对事情总是锲而不舍。能够自我分析和自我批评，不爱交际。

（2）追新猎奇型和安乐小康型的行为差异

追新猎奇型旅游者一般喜欢去别人未到过的地方、喜欢追新猎奇，在新地区捷足先登、活动量大、喜欢坐飞机前往旅游地、喜欢能提供较好食宿服务的饭店，但不一定要求现代化的联营饭店，喜欢跟不同文化背景的人交流，要求有基本的旅游安排，但旅游安排要有自主性和灵活性。

安乐小康型旅游者喜欢熟悉的旅游地、喜欢旅游地老一套的活动、活动量小、喜欢坐车前往旅游地和设备齐全的食宿设施、在旅游活动中倾向熟悉的气氛和娱乐活动，异国情调要少、喜欢把旅游活动安排得满满的，如包价旅游。

由此可见，外倾型和追新猎奇型旅游者往往是新旅游地的第一批拓荒者和宣传者；而内倾型和安乐小康型旅游者往往是追随者的角色，是旅游目的地的后续游客。

讨论

现假设你所供职的旅行社需要接待一个重要客户团队，分组（如按年龄、身份、兴趣要求等）设计接待计划，对接待过程中的迎接、食宿安排、旅行线路等内容进行分组模拟。

5.1.2 旅游者不同个性的服务对策

1. 导游的规范化与个性化服务

（1）规范化服务

规范化服务是指按照行业或企业所制定的标准和程序提供服务。在行业中，有一种说法是"规范化服务不是高层次意义上的优质服务"，这样说的原因是：第一，从本质上讲，旅游者对服务质量的评价，既受到服务生产体验的影响，又受到服务消费体验的影响。第二，服务人员与旅游者双方相互作用、相互影响决定了旅游服务的质量。第三，关于旅游服务质量标准的设计和制定，是建立在旅游行业各业务部门所必须遵循的普遍原则和规范的基础上的，体现绝大多数旅游者共同的、普遍的服务需要。第四，规范化服务影响服务提供者主观能动性的发挥。

（2）个性化服务

作为一家企业，个性化服务体现在企业在制定经营战略和利润计划时，授予员工一定的灵活处置权，允许他们在服务实践中拥有独立的思维、可以进行自主判断，尽可能发挥主观能动性，按照旅游者的特殊需要，提供相应的特色服务，使旅游者在接受服务的同时，产生愉悦的心理效应。

身为一名员工，个性化服务就是服务提供者针对服务接受者的不同个性特点和心理需要，结合具体情况、发挥自己的优势所采取的有针对性、灵活性的服务。

个性化服务是规范化向高层次、深层次发展的产物，是服务与个性融会贯通的结晶。推行个性化服务是我国旅游业服务质量取得竞争优势的必由之路。面对多样化和个性化的旅游市场，推行导游的个性化服务促使导游服务提升一个更高的层次，这样才能进一步提高导游服务质量。如果导游员只提供符合规范的服务，就只能做到工作合格。所以说，要想成为优秀导游员，必须实现个性化服务。提供个性化服务在很大程度上要求导游人员的自觉学习性和平时工作经验的及时总结和积累。

2. 导游个性化服务的基本原则

（1）灵活性原则

灵活性就是因时制宜、因地制宜、因人制宜。游客具有不同身份地位以及他们来自不同的省市地区，甚至来自不同的国家，因此想要做好个性化服务就必须考虑地域和游客自身的特点，比如在安排饮食时就要掌握南甜北咸、西辣东酸的饮食习惯。又如对于同一旅游目的地来说，在旅游的淡、旺季给游客提供的服务也是有区别的。

（2）针对性原则

所谓针对性，就是导游工作必须符合不同旅游者的实际需要，有的放矢，因人而异。例如在接待一个团队旅游时，要照顾到这个团队中的老者和孩子，要考虑团队成员中是否有特殊需要的游客，如身体状况、民族问题等。若在自己接待的游客中，有这些情况时就必须提供具有针对性的服务。

（3）计划性原则

计划性原则是对导游员在特定环境和条件下，如何发挥主观能动性作用的基本要求，是导游方法与技巧运用得当的依据之一。根据行程单及旅行社和游客的要求，事先做好计划和安排将为未来的旅游服务工作带来便利，好的开头是成功的一半，想要实现一次完美的旅行服务就必须要做好计划，并且计划要尽量周全仔细。

5.2　旅游者不同类型的服务对策

5.2.1　旅游者的一般类型

案例 5-2

有一次，经常出差的江先生住进了南京的一家饭店。江先生刚进房，便倒在靠窗的床上看电视，不知不觉到了晚餐时间，江先生便起身走向餐厅。当他回房时，发现已经做好了夜床，所开的床是他喜欢的正对电视机的靠窗的那张。江先生为服务员的细心暗自称赞，因为服务员没有按饭店的惯例开靠近卫生间的床。

案例分析：在现代服务业中，规范服务和个性服务是必不可少的。规范的旅游服务是每一个服务提供者都必须掌握的也是比较容易掌握的，因为规范服务的内容比较简单和标准化，所以说规范服务是个性服务的前提。"没有规矩，不成方圆"，脱离了规范服务的导游业务会显得太过"业余"。要对游客提供个性服务，这对饭店服务员和导游的服务能力提出了更高的要求，因为游客的需求多种多样，灵活变通就成了服务提供者的必备素质，针对不同的游客提供有所差别的服务才能提高游客的满意度。个性服务因为其贴心、人性化，所以会给顾客带来意想不到的服务效果，于是在顾客心目中树立起良好的服务形象，也大大提高了企业的口碑，提高了顾客忠诚度。

1. 旅游的基本类型

旅游既是一种社会经济现象，又是一种社会文化现象。它必然随着社会经济和文化的发展变化而在内容和形式上不断地发展和变化，它是人们以了解自然和社会、丰富和完善自我为目的，非定居性旅行的高级生活方式。旅游的基本类型一般有以下几种。

（1）按旅行距离可分为远程旅游和近程旅游；

（2）按旅游资源的性质可分为海岸带旅游、温泉旅游、森林旅游、名山旅游、农村旅游、民族风情旅游、江河旅游、美食旅游；

（3）按旅游者的身份和年龄可分为青少年旅游、中老年旅游、学生度假旅游、新婚蜜月旅游。

2. 旅游者的一般类型与特征

一定的社会文化背景下会产生特有的旅游者群体，旅游是一种以精神享受为主的消费，是一种文化性很高的消费。随着我国社会生产力水平的不断提高和旅游资源的开发，旅游者的类型一般可以表现为以收集文化知识为主要目的的旅游者、以观光旅游为主要目的的旅游者、以娱乐消遣为主要目的的旅游者和以健身保健为主要目的的旅游者。

（1）以收集文化知识为主要目的的旅游者

以收集文化知识为主要目的旅游包含很多种类，比如科技交流旅游、文艺交流旅游、考古旅游、院校旅游、电影节、音乐节旅游、生物考察旅游、宗教旅游、民族风貌考察旅游、博物馆旅游、专业学习旅游等。这类旅游者因为求知欲很强，所以他们会克服食宿和交通等带来的不便和困难，即使是身份地位较高的专家学者，为了获取知识付出了一定的艰辛，他们也会不辞辛苦地坚持完成旅游实践活动。这一类旅游者随着社会经济的发展和社会文明的进步呈现出了不断增长的趋势。

（2）以观光旅游为主要目的的旅游者

这类旅游者在旅游者中占有很大一部分比例，是在所有类型的旅游者中比较理智的一类人群。他们的旅游范围比较广泛，既可以去名山大川观赏秀丽的自然山水和珍惜的动植物，也可以前往陵墓碑林回顾人类的历史古迹，感受不同地域不同民族的风土人情。他们对没有见过或不是特别了解的内容都表现出极大的兴趣，大海、冰雪、森林都会是他们要去的地方。

（3）以娱乐消遣为主要目的的旅游者

注重娱乐消遣的旅游者除了欣赏美丽的风景，更加喜欢游乐场这样的地方，对文艺演出或是其他表演也情有独钟，单纯地去观赏自然风光是远远不能激起这些旅游者浓厚兴趣的，他们更希望旅行社给他们安排出内容丰富多彩、形式多变的活动，能够让旅游生活富有变化和节奏感，尤其是如果能通过自己的体验参与到某项活动中，能够极大地满足他们旅游的兴趣。

（4）以健身保健为主要目的的旅游者

随着社会的发展和人类保健意识的日益增强，这类旅游者非常注重自己的身体保健，旅行社或相关组织安排的户外活动并不是最能引起他们关心的事情，他们非常注重自己的身体健康。在选择旅游活动和旅游目的地时，保健作用是他们做选择时的第一考虑要素。综上所述，安静的环境、适宜的气候、饮食的安全性、住宿条件及卫生情况，这些都将成为这些旅游者决策时的重要考虑因素。

讨论

分小组讨论分析并模拟练习不同类型旅游者的旅游需求和接待特点。

5.2.2　不同类型旅游者的服务对策

案例 5-3

　　××旅行社的导游翻译赵光先生接待了一个 16 人的法国旅游团，在 M 市进行四天的游览，入住饭店为 M 市的一家开业不久的四星级饭店。从行程单的安排来看，赵先生接到旅游团已是午餐时间，依计划应该先到饭店用午餐，然后开始游览。从迎接到用餐半天下来，赵先生地道的法语和生动的讲解深深地赢得了游客的赞赏。然而，让赵先生没有想到的是，当他在回饭店途中重申晚餐地点和时间的时候，有几位游客却提出，要求换个地点就餐，因为他们对饭店的餐饮不满意。赵先生觉得纳闷，照常理法国游客习惯于在住店用餐的，而这个团却有些特别。于是他向游客讲了餐厅退餐的有关规定，并说大家如果有什么意见可向他反映，然后由他去与餐厅协调，相信一定能让大家满意的。虽然最终游客们不再坚持换餐的要求，但通过赵先生对游客在用餐不满方面做的个别了解，得知原来是餐桌上缺少对法国人来说关键的红酒。了解真相后，赵先生与餐饮部经理联系，要求晚餐一定要补上适量的红酒，并与其商量对午餐未上红酒向游客表示歉意。餐厅经理爽快地答应并主动提出将为该团每个客房送上两杯红酒。这样一来，游客们非常高兴。离开 M 市时，领队留下了一封热情洋溢的

表扬信，对赵先生热情周到的服务和饭店精心的安排表示赞扬。

案例分析：掌握不同国家和地区游客的生活习惯和兴趣喜好是做好导游工作的保障之一。导游服务是一项复杂的工作，它要求脑力和体力相结合。作为导游员应该时刻了解游客需要什么，及时地为他们提供有针对性的服务。案例中的法国人，其饮食习俗中尤其突出对于红酒的情有独钟，对于导游员来说，最好能把有针对性的服务工作做在游客没有说出来以前。通过对本案例的分析可知，作为导游员不可能料事如神，对游客的有些习俗也只能是"一回生，二回熟"，亡羊补牢，犹未晚也。

由于人们不同的心理特点，在旅游消费活动中会有不同的决定和选择，即使对于选择相同旅游活动的一个群体来说，也会表现出不同的心理特征。因此，需要有针对性地为游客提供个性化的服务。根据旅游者不同的类型提供个性化服务不但可以提高服务质量，而且还影响着一个企业的品牌和信誉，同时还会给企业利益带来一定的影响。具体来说，有以下策略：

1. 针对旅游者的不同需求安排活动

旅游者来自世界各国以及国内的不同地区，有不同的职业，不同的文化水平，不同的年龄、性别，不同的爱好、兴趣。要针对旅游者的不同需求安排活动，不能千篇一律。导游应针对旅游者的个性特点，考虑适当的游览主题，安排不同的行走路线。导游的讲解、语言的运用也要注意服务对象的特点。

2. 善于发挥自己的特长

善于发挥自己的特长是优秀导游员的共性。而由于导游员的各自特长有所不同，从而形成了不同的导游风格，使导游员具有鲜明的个性美。导游员的特长一方面表现在讲解语言的运用上，另一方面表现为导游员的一技之长或多才多艺。

3. 积极调动和保持旅游者的兴趣

旅游者一般都具有强烈的好奇心理。一般旅游者好奇地注意某一事物之后，都会望着导游。他们会露出新奇、疑惑不解的神情，可能当时没有人发问或者只有一两个人提出疑问，但他们多数人是希望导游能及时作出讲解，以消除他们的疑团，导游此时应满足他们的心理需求。

4. 尽量联系旅游者熟悉的事物

旅游者身在异地或异国，对一切都感到陌生，如果能把眼前的景物同他们熟悉的事物联系起来，就会使旅游者易于理解，备感亲切。在导游介绍中注意联系一些与旅游者所在国或地区有直接关系的动物、植物，以增加他们的亲切感。

旅游者的旅游行为会受旅游者的个性影响。一个人的个性可以解释和掌握他的行为。由此可见，了解游客的个性特征与旅游服务工作的相互关系的意义主要体现在两个方面：一是有助于引导、控制游客的行为；二是有助于创造适宜的活动环境，避免在服务工作中出现矛盾甚至对立的情况。

讨论

> 设置一个个性化服务的情景，分小组模拟表演，体会个性化服务的效果。

课后练习

一、填空题

1．旅游者的个性是指_____在旅游活动中经常表现出来的，比较稳定的带有_____的心理特征。

2．_____是指按照行业或企业所制定的标准和程序提供服务。_____是规范化向高层次、深层次发展的产物，是_____与_____融会贯通的结晶。

3．旅游既是一种社会经济现象，又是一种_____现象。旅游的基本类型按旅行距离可分为_____和_____。

4．旅游是一种以_____为主的消费，旅游者的类型一般可以表现为以收集文化知识为主要目的的旅游者、以_____为主要目的的旅游者、以娱乐消遣为主要目的的旅游者和以_____为主要目的的旅游者。

5．旅游者的旅游行为会受_____影响。了解游客的个性特征与旅游服务工作的相互关系的意义主要体现在两个方面：一是_____；二是有助于_____，避免在服务工作中出现矛盾甚至对立的情况。

二、简答题

1．导游个性化服务的基本原则有哪些？

2．旅游者的一般类型有哪些？

3．简述规范化服务与个性化服务之间的区别。

三、论述题

导游小王是一名海南的导游，今天是他在取得导游证后第一次带团。该旅游团的成员来自四川省某文化局，年龄在 40～60 岁之间。请你针对该团的特点给小王一些带团建议。

第6章

旅游活动中的人际交往

知识要点

❖ 了解旅游团体的心理特点。
❖ 掌握团体中人际交往的特点，团体中人际交往的三个关系以及影响人际关系密切程度的因素。
❖ 学会人际沟通的方法与技巧，熟练掌握利己利人的五大要领。
❖ 了解人际沟通的一般原则。

课堂训练

在下面的 20 个问题中，你能迅速地判定你的反应吗？我们把反应的情况分成五个等级，请按照你的实际情况，在五种情况中加以选择。每一小题的答案均为：A 总是（计 1 分），B 经常（计 2 分），C 不确定（计 3 分），D 偶尔（计 4 分），E 从不（计 5 分）

1. 我能自如地用口语表达我的情感
2. 我能自如地用非口语（眼神、手势、面部表情等）表达我的情感
3. 我在表达自己的情感时，能选择准确恰当的词汇
4. 别人能准确地理解我口语和非口语所要表达的意思
5. 我能很好地识别别人的情感
6. 我能在一位封闭的朋友面前轻松自如地谈论自己的情况
7. 我对他人寄予深厚的情感
8. 别人对我寄予深厚的情感
9. 我不会盲目地暴露自己的秘密
10. 我能与和我观念不同的人交流感情
11. 不同观念的人愿与我交流感情
12. 别人乐于向我诉说不幸
13. 我不轻易对别人作出评价
14. 我明白自己在交往中的一些不好的习惯
15. 当和别人讨论时，我善于倾听别人的意见，而不强加于人
16. 在和别人要发生争执时，我能克制自己
17. 当我心烦意乱时，我通过工作来排遣自己的心情
18. 当别人带着问题找我时，我一般会告诉他该做什么
19. 当我不同意一件事时，我会说出这件事的后果
20. 我乐于公开自己的新观念、新技术

测试分析：在这个表中，得分越低，说明你的交往能力越强；如果你的总得分在 25 分以下，说明你的交往能力在众人之上。

这个表的最大特点，是能帮助你发现自身交往能力的优点和需要改进的方面。通过这个测试，你就可以有针对性地发扬自己的优点，克服自己的弱点，从而在人际交往中游刃有余。

在旅游过程中，旅游团队就是一个团体。而作为导游在这个团体之中对人际关系的处理也能决定旅游活动的成败。

6.1　旅游团体人际交往的特点

案例 6-1

小李大学毕业后成为一名导游，但工作不到半年，她已倍感压力。客人总希望行程刺激

有趣，提供最好的服务和品质，又希望价格便宜实惠。而且常常因为一些小事就嚷嚷着要投诉她。例如，自己真心实意介绍一些当地的特产或美食，有的客人却以为是要推销赚回扣显得十分不耐烦。一次，明明是其中一名团员延误了时间，可是大家并没有责备这名迟到的团员，而是将不满发泄到了小李身上，这让她开始怀疑自己：难道自己十分让人讨厌，还是根本就不适合做导游这份职业？

案例分析：在此案例中，导游小李自身的职业期望与现实之间形成了极大的反差。其主要原因是小李并没有了解旅游团队中游客的心理。一个旅游团队在旅游初期是较为敏感的，若在此时导游介绍购物产品，游客出于警惕会认为导游是在有偿推销。在这样的情况下，游客形成了自己团体并共同对抗导游小李。

讨论

在案例6-1中，存在哪些人际关系？如果你是小李你会怎么做？

6.1.1　旅游团体的心理特点

由于人们把旅游看作是一种精神上的享受，旅游服务又是有偿服务，所以对旅游服务过程中的人际关系具有更强烈的要求。在这种环境中，旅游团体的心理特点主要体现在群体关系中、旅游活动中旅游者人际关系的两个方面。在旅游过程中对旅游者产生心理影响的人际关系有两个方面。

（1）与共同旅伴之间的关系

与共同旅伴之间的关系多半有感情上的基础和相互适应的心理，因而带有较自然和不与他人过分计较的特点。

（2）同旅游接待人员之间的关系

由于旅游者处于异地他乡，面对生疏的环境和陌生的人，容易产生紧张和不安的感觉，正是这些感觉使得旅游服务过程中的人际关系显得明显与突出。在这种状态下，旅游者对旅游服务中的人际关系非常敏感。所以，旅游者感到满意就会产生欣赏甚至感激之情，相反就会产生不满足甚至进行投诉。这突出地表明旅游服务中人际关系对旅游者心理的重要作用。

6.1.2　团体中人际交往的特点

旅游团也是一个团体，它和一般团体一样存在以下人际交往特点：

1. 人际关系的主要特点

（1）社会性

人作为社会的产物，其本质属性就是社会性。随着社会生产力的发展和科学技术的进步，人们的活动范围不断扩大，人际交往也更加频繁，因此社会属性也不断增强。

（2）多重性

人际关系具有多因素和多角色的特点。每个人在社会交往中扮演着不同的角色：就旅游活动来说，导游者在旅游者面前扮演导游的角色，在旅行社中扮演员工的角色，在同事面前扮演朋友角色等。在扮演角色的同时，又会因物质利益或精神因素导致角色的强化或弱化，这种状况使人际关系具有多重性。

（3）复杂性

人际关系具有复杂性。一方面，人际关系是由多个因素联系起来，并且这些因素不断变化；另一方面，人际关系以心理活动为基础并且具有高度个性化。因此，在人际交往过程中，由于人们交往的准则和目的不同，交往的结果、交往过程、评价态度都会不一样。

（4）目的性

在人际关系的建立和发展过程中，均具目的性。而团体旅游是有偿服务的一种，人际关系的目的性更为突出。

（5）多变性

人际关系随着年龄、环境、条件的变化，不断发展变化。

2. 团体中人际交往的三个关系

（1）相互包容

相互包容所产生的待人行为特征为：沟通、融合、协调、参与和协同等。

（2）相互控制

每个人都有支配他人和依赖他人的心理。相互控制的基本行为特征正是支配和依赖。交往过程中如果一方图控制另一方，而另一方恰好又希望依赖该方支持的时候，这种控制关系就很融洽；否则就会产生冲突或疏远。

（3）情感交流

情感交流的基本行为特征是同情、喜爱、亲密、热心和照顾别人等；而相反所产生的人际反应特征是冷淡、厌恶甚至憎恶等。

3. 影响人际关系密切程度的因素

（1）个性差异

人的个性在很大程度上影响交往的态度、频率和方式。有些人不太愿意与其他人交往，但有些人天生就是交流家。导游员针对不同旅游者的个性差异应当采用不同的沟通方法。

（2）共同态度

对具体的事物有相同或相似的态度和体验，就容易形成所谓的共同语言、共同信念和价值观，就会产生共鸣，这时关系可能会更为密切。在旅游活动中，导游员应当针对旅游者的喜好组织旅游活动进行个性化的讲解从而取得共鸣。

（3）相互满足

相互满足是建立人际关系的前提条件。彼此间如果没有需要和满足需要的期望，个体之间就难以形成牢固稳定的关系。

（4）空间距离

空间距离是影响人际关系的重要因素。俗话说"远亲不如近邻"，反映出人们之间的空间距离越近，就越容易形成亲密的关系。空间距离的接近使双方相互交往、相互接触的频率不断增加，彼此间更容易熟悉。

（5）交往频率

交往是人际关系的基础，交往的频率越高就越容易形成密切的关系，只有频繁的交往才能形成共同的语言、共同的态度、共同的兴趣和共同的经验。而交往的频率由见面次数的多少决定。由于旅游活动的特殊性，在活动过程中交往频率非常频繁，从而为旅游者之间、旅游者与导游员之间提供了良好的交往基础。

除此之外，还有一些其他因素影响人际关系的密切程度，如个人魅力、年龄的相似性、是否有代沟、职业方面的特点、各自的社会地位和性别因素等。

6.2 旅游活动中人际交往的一般原则

案例 6-2

某旅行社的导游员小李带团赴某海滨城市旅游度假。这天中午，当游客们从海滨浴场回来时，团员小蕾找到小李要求退团。小蕾激动地向小李述说退团理由：觉得团友们瞧不起她，尤其是和自己一起住的那个团友总在背后议论她，她感觉"大家都挺虚伪的，这趟旅游让她非常难受"。当小蕾讲到这一点时，就变得烦躁不安，最后竟然泪眼婆娑。

案例分析：人对环境的适应，主要是对人际关系的适应。有了良好的人际关系，人才有了支持力量，有了归属感和安全感，心情才能愉快。小蕾主要是由于在适应团体活动的人际关系环境中遇到了挫折，在人际交往中出现人际关系敏感问题，对别人比较敏感和多疑，心里感到紧张和不安，进而觉得自己与周围的人格格不入，产生心理压力，遂产生退团想法。

6.2.1 人际沟通的方法与技巧

人际关系是以人的情感为纽带，不同的人际关系引起人们的情感体验不同。良好的人际关系引起的是人们愉快、亲切、随和的心理体验。这样的心理体验带给人们的是积极、健康、饱满的精神状态。具有了积极健康饱满的精神状态，才能更好地投入到社会生活、学习和工作中，不断地为社会的建设和发展作出贡献。要建立良好的人际关系，就应当掌握好人际沟通的方法和技巧。下面介绍几种常见的沟通方法和技巧。

1. 建立感情基础

要建立有效的人际关系，必须有良好的感情基础。人际关系的主要特点在于它具有明显的情绪体验色彩，是以自己的感情为基础来建立的。

信赖、礼貌、诚实、仁慈和信用，必要的时候它们都可以在人际交往中发挥作用，即使有了过错，也可以弥补。反之，粗鲁、轻视和失信等都会降低感情的基础，有时可能一次就足以让你们之间的感情出现隔阂，甚至让人际关系亮起"红灯"。

发展良好的人际关系，要存入如下六种感情储存：

2．双赢的四大法宝

要达到双赢的境界，建立一种互利的关系，必须提高自身的品质。这种"双赢"的概念改变了以往的残酷竞争，使双方都能在这一关系中获利。实现双赢，共有四大法宝：

（1）诚信为基础

利人利己的基础是诚信、成熟和豁达。只有豁达的人才能与他人共患难、同富贵。

（2）互惠互利为纽带

如果拥有互相依赖的人际关系，就可以集中精力解决问题。"三个臭皮匠，顶上一个诸葛亮"，现实中很多目标和工作都需要众人集思广益才可以实现。

（3）制度为保障

双方建立合作伙伴关系，自我监督、共谋发展。必须建立合理的制度来配合，否则难以达到预期的效果。合理的制度应该由团队的全体成员共同制定，或至少达成共识。

（4）原则贯穿始终

坚持原则比坚持立场更能够出奇制胜。有了原则，做事情就有重心，处理任何事情都不会违背自己的意志。例如，在进行沟通的时候，"对事不对人"就是我们应该遵循的原则。

讨论

> 改善人际关系的练习
> 1. 列出你们团队中与其他人关系相对紧张的成员名单。
> 2. 具体与谁的关系最紧张。
> 3. 从利人利己的观念出发，找出存在的障碍。
> 4. 对于个人可以解决的问题，要在自己的范围内设法解决。

6.2.2　人际沟通的一般原则

1．平等交往、公平对待

在人际交往中平等是建立人际关系的前提。人际交往作为人们之间的沟通渠道，是主动的、相互的、有来有往的。人都有友爱和受人尊敬的需要，都希望得到别人的平等对待，人的这种需要，就是平等的需要。

2．相互重视、相互支持

人际关系的基础是彼此间的相互重视与支持。在竞争关系中，人们倾向于重视那些让自己重视与欣赏的对手；在互助关系中，人们喜欢那些也喜欢我们的人。人际交往中的接近与疏远、喜欢与不喜欢是相互的。

3. 互相包容、宽以待人

相容是指人与人之间的融洽关系，与人相处时的容纳、包容、宽容及忍让。要做到心理相容，应注意寻找共同点，保持谦虚和宽容的态度。要心胸开阔，宽以待人。学会体谅他人，遇事多为别人着想，即使别人犯了错误，或冒犯自己，也不要斤斤计较，以免因小失大，伤害相互之间的感情。有时，"让步"是一种胜利。

4. 社会交换、体现价值

人际交往是一个社会交换过程。如果你能为他人创造价值，便是体现了你与他们关系中的自我价值。

5. 自我评价、肯定价值

自我价值是通过他人评价而确立的，因此常常表现为个体对他人的评价极其敏感。对肯定自我价值的他人，个体也会对其认同和接纳。对于那些否定自我价值的他人则会对其产生抗拒心理。不要轻易受他人态度的影响，要学会清晰地认识自我，建立良好的自我评价，肯定自我价值。

6. 遵守承诺、诚实守信

人离不开交往，交往离不开信用。要做到说话算数，不轻许诺言。与人交往时要热情友好，以诚相待。

7. 理解他人、认可对方

理解主要是指了解别人的需要，理解他人言行的动机和意义，并帮助他人满足其合理需要，在生活中应该多多鼓励、支持和认可他人的言行。

上述这些人际交往的基本原则，是处理人际关系不可分割的几个方面。运用和掌握这些原则，是处理好人际关系的基本条件。

课后练习

一、填空题

1. 旅游活动中旅游者人际关系的两个方面是：_____与_____。
2. _____作为社会的产物，其本质属性就是_____。随着社会生产力的发展和_____，人们的活动范围不断扩大，人际交往也更加频繁，该属性也不断增强。
3. 相互包容所产生的待人行为特征为：沟通、_____、协调、_____和协同等。
4. 人的个性在很大程度上影响交往的_____、_____和方式。对具体的事物有相同或相似的

_____和_____，就容易形成所谓的共同语言、共同信念和价值观，就会产生_____。

5. _____是建立人际关系的前提条件；_____是影响人际关系的重要因素；_____是人际关系的基础。

二、简答题

1. 人际交往的主要特点有哪些？

2. 哪些因素影响人际关系的密切程度？

3. 简述人际沟通的方法与技巧。

4. 人际沟通的一般原则有哪些？

第7章

旅游者的需要、动机、兴趣

知识要点

❖ 旅游者在旅游过程中不同阶段的需要。
❖ 各种类型旅游者的不同需要。
❖ 旅游者的旅游动机。
❖ 旅游者的兴趣。

📖 **课堂训练**

假如你来到辽阔而美丽的内蒙古大草原，看到一个民族特色的纪念品店，这时你想带什么回去做纪念呢？

1. 蒙古刀
2. 银制酒具（镀银和纯银制）
3. 可以穿戴的蒙古服饰（帽子、靴子、蒙古袍）
4. 蒙古特色饰品（银手镯、玛瑙手链等）
5. 蒙古族家庭装饰品
6. 蒙古族风情挂毯
7. 蒙古风情的纯手工制地毯

答案解析

1. 100%的坚定主义者，游览任何胜景都会用思想来欣赏。
2. 有特殊兴趣的旅游者，对贵金属的兴趣可能超过自然和人文对你的吸引。
3. 绝对的实用主义者，深刻领会旅游地的人文。
4. 相当热爱旅游，有在旅游过程中购买饰品的习惯。
5. 热爱家庭又热爱自然。
6. 热爱旅游，家中处处是风景。
7. 任何时候不能够放手去玩，总是惦记着家庭。

以上测试中，通过购物体现出了旅游者在旅游过程中的不同需要、动机及其兴趣。就让我们一同走进第七章，共同认识不同类型旅游者的需要、动机、兴趣。

7.1　旅游者在旅游过程中不同阶段的需要

案例 7-1

今年 6 月，在海南发生了 21 名湖北游客购买珠宝被骗事件，被骗金额共计 1.6 万元。海南牵手旅行社一导游在未征得旅行社同意的情况下，在行程的最后一天擅自更改行程，并将一队湖北游客带往三亚市翡翠珠宝商场购物，销售人员自称也是湖北人，按最低一折的价格将 24 件珠宝卖给了游客。游客返回湖北后经鉴定发现，所购物品全为假货，戒指、手链等甚至是铜制品。海南省旅游监督部门目前已经吊销了该导游的导游资格，游客所购款项已悉数退赔。

案例分析：为何游客会在行程的最后一天购买了大量的假货，一方面是因为导游的不正当操作；另一方面是因为导游充分利用了游客的心理。因为，在游览活动即将结束时，旅游者的主要活动是准备回程，如购买纪念品和做好回程交通安排。并且，在此时的警惕性较低。

7.1.1　旅游准备阶段

当人们有了足够的假期和资金，并且产生出外旅游的愿望后，就要开始为旅游做准备。在旅游准备阶段，旅游者心理需要的内容主要有三个方面（见图7-1）。

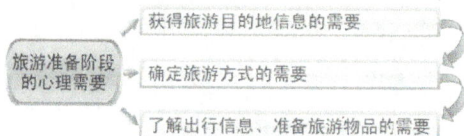

图 7-1　旅游准备阶段的心理需要

旅游者是通过哪些渠道获得旅游目的地信息，并以此确定旅游方式的呢？

首先，人们可以从报刊、电视以及网络等媒体中接触到各种信息。当人们产生旅游打算时，会比较留意有关的旅游信息。

其次，社会由各种群体组合而成，群体间往往又相互交错联系，人们对自己所属的群体比较熟悉和信赖，较容易理解和接受群体成员发出的信息。

最后，权威的暗示作用和中立舆论的影响作用，也对人们选择旅游目的地有着重要的影响。中立舆论往往比旅游部门或企业的广告对旅游者更具有影响作用，宣传的效果更好。

7.1.2　游览活动阶段

某导游带一个教师团到达某一游览点后，有个别游客希望不按规定的线路游览而希望自由游览或摄影，导游能否满足该游客的要求？

本阶段重点突出"安全、快速、舒适、愉快"八个字。

求安全心理。旅游者初来乍到，兴奋激动，但由于人地生疏、语言不通，因而产生孤独感、茫然感、不安全感和惶恐感。存在拘谨心理、戒备心理，怕举手投足犯忌、被人笑话心理。总之，游客心中有一种不安全心理，唯恐发生不测，危及生命和财产安全。这时的旅游者求安全的心态表现得非常突出，甚至上升为主要需求。

求新心理。在这个阶段，旅游者的另一个突出心理特征是"探新求奇"。旅游过程中，旅游者的注意力和兴趣转移，到处寻找刺激，以满足追新、求异、猎奇、增长知识的心理需求。这在初期阶段显得尤为突出，他们对什么都感到新奇，都愿看、都要问、都想知道。即使是当地人司空见惯、不值得一提的平常事对旅游者来说可能都是一件新鲜事。

游览活动阶段是整个旅游过程的核心阶段，旅游者满怀期待而来，希望在游览中获得愉快、兴奋的心理体验。在游览活动阶段，旅游者的需要主要表现为四个方面（见图 7-2）。

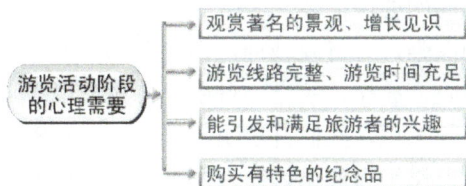

图 7-2　游览活动阶段的心理需要

7.1.3　旅游结束阶段

在游览活动结束后，旅游过程也进入了尾声，在这个阶段旅游者的主要活动是准备回程，他们需要得到更完善的服务，如购买纪念品和做好回程交通安排。

即将踏上归途时，旅游者的心情波动较大，开始忙乱起来。他们希望与亲友联系、购买称心如意的物品，但又怕行李超重。总之，他们希望有更多的时间处理个人事务，希望得到导游员提供的更加热情周到、更有人情味的服务。特别是那些旅途中不顺心、有意见的游客，更是希望有机会让其发泄出来后离开。

总之，旅游者心理活动的变化存在于整个旅游活动的始终，只是在不同阶段有所变化而已。上述心理活动虽有普遍性，但不同生活情趣的人在旅游活动各阶段的心理特征不尽相同，每个人的心理情绪变化的状况也不一样。

7.2　各种类型旅游者的不同需要

> 讨论
>
> 在旅游团中，常有成年旅游者携带儿童旅游的情况。对此导游人员应在做好旅游团中成年旅游者旅游工作的同时，还应该怎样根据儿童的生理和心理特征做好对他们的关心和照料工作？

（1）导游人员在儿童饮食起居方面要多关心，多向家长了解其生活习惯。

（2）天气变化时，导游人员要及时提醒家长给孩子增减衣服；人多拥挤时，要帮助家长带好孩子；在工作时间或陪同旅游者活动时，不要单独把客人的孩子带走，也不宜给儿童买零食和玩具。

（3）儿童生了病，导游人员要及时建议家长请医生诊治，而不宜建议服什么药，更不能将自己随身携带的药品给孩子服用。

7.2.1　不同年龄旅游者的需要

不同年龄的旅游者有不同的旅游需要。

青年旅游者求新、求知欲强，有冒险精神，喜爱登山、游泳、跳伞。年轻的职业女性自主出游主要是为了体验、冒险、放松、社交、自由和自我表现等。女大学生出游主要出于调节精神、观赏风景、娱乐及长见识，她们喜欢团体出游，或与密友、好友结伴出游。现代女性旅游者正以成熟的个性化、思维开放化等休闲游来展示自己的旅游需求。而年轻的男性旅游更多的是与体育锻炼、探险、度假等有关。

老年旅游者，总的来说老年旅游者在生理、心理、阅历等方面都与其他年龄组有差异，但是目前中国的老年人消费观念正在迅速变化，用旅游的方式来提高生活品质已经得到了相当大部分人群的认同。要求费用不高的情况下，还能在目的地选择、行程安排、交通工具利用、餐食安排方面考虑到身体状况、消费习惯，在细节处更需要针对性的个性化的贴心服务。如血压计、热水袋、应急药品成为了行程的标准配置。

案例 7-2

有一次，导游小王接待一个老人团赶往下一个景点时，路途比较长，但是上车之前，由于小王的疏忽，没有提醒老人们上厕所。中途，有好几个老人要求停车，要去洗手间，可是中途又不能随便停车，老人们非常痛苦，指责小王为什么不提前提醒，小王也非常后悔。请问小王忽视了老年团的什么地方？

案例分析：由于生理的原因，老人大都尿频。所以，作为导游应该注意适当安排增加上厕所的次数。这是接待老年团不可忽视的重要服务细节。

课 外 知 识 一 点 通

关注身体健康，追求生命质量

城市老年人大都具有较高的文化水平和修养，有相对稳定的职业和较为丰富的经济收入，有较高的社会地位和幸福美满的家庭。他们富有见解，注重实际，珍惜自己的健康和生命，他们喜欢环境优美、优雅宁静的自然山水、田园风光、湖泊海滨，不喜欢喧闹的城市，拥挤的人流；他们喜欢参与垂钓、野营、度假、日光浴等轻松而愉快的活动。

对历史文化有浓厚兴趣以及怀旧思乡情结

老年人普遍具有对中国历史以及传统文化的向往，具有怀旧思乡的情结，喜欢追根求源、寻亲访友。中国传统文化对中老年旅游者吸引力较大，武术（尤其是适合老年人身体特点的太极拳）、书法等，受到中老年旅游者的喜爱。他们喜欢参观名胜古迹、历史遗迹，对旅游景点的各种文学材料、背景介绍，诸如诗词、典故、名人字画、神话传说等，都有浓厚的兴趣。

对旅游产品价格要求经济实惠

我国现阶段的老年人经历较长时间的并不富裕的生活，大多都有勤俭节约的习惯。尽管消费水平已经提高，但太高的消费价格仍会使老人望而却步，加上我国老年人中具备很强支付能力的人并不多，所以多数老年人对旅游产品价格要求经济实惠，对旅游的要求呈现高档次。据调查，近70%的老年人有旅游愿望，但希望经济实惠。

以团队旅游活动为主

老年人由于行动迟缓和身体健康状况欠佳，往往老两口或与邻居、老朋友随团而行，对旅程中各种活动的安排，要求以舒适、休闲和旅游机构的高质量服务为标准。其中，健全的医疗安全保障体系，是老年旅游团完成旅行的一个极其重要的组成部分，这也是老年旅游团不同于一般旅游团的一个显著特点。

1. 吃

由于老年人胃肠功能减弱，在环境明显变化的情况下容易引起消化功能紊乱，并且许多老年人牙齿不好，有的还有糖尿病等疾病，在安排老年人用餐时，尽量安排香、脆、软和含糖少、营养高、易消化、易咀嚼的食物，以清淡为宜，少油腻和辛辣生冷食物。导游需要提醒老年游客在旅行中要特别注意节制饮食和注意卫生，进食不要过快或太饱，少饮或不饮酒。

2. 住

由于老年人睡眠功能退化，夜间较难入睡或易早醒，而睡眠是健康长寿的一个重要因素，老年人和年轻人一样需要有充足的睡眠，因此他们在旅游地的住宿条件上不求豪华，但求舒适安静。旅行社为保证老年游客每天6～8小时的睡眠，住宿安排应尽量选择噪声小、环境优美的住宿地，选2～4人间，与陪同人或旅伴在一个房间，便于照顾。老年人身体平衡能力差，在住宿选择上，要考虑地板、楼梯、卫生间等设施是否防滑、防磕碰。老年人易忆旧，可根据老年人的意愿安排他们住一两回农家院，可勾起老年人对往事的追忆，提高老年人的旅游满意度。

3. 行

老年旅游者由于身体承受能力差，乘火车，人多拥挤，车厢污浊；坐汽车颠簸厉害，老年人会感觉很疲劳。故在旅游交通设计规划中，注重运输工具的安全性和舒适性，以专车、专列、专机、转航等方式，逐步形成"海、陆、空"皆有的旅游方式。老年人长途旅行最好坐卧铺或飞机，也可分段前往，旅行日程安排宜松不宜紧，活动量不宜过大。此外，老年旅游团出行时间应尽量避开旅游高峰期。

4. 游

由于老年人身体机能退化，对自身平衡控制力差，有的还伴有一些老年病，因此行走常不稳，易摔跌、绊倒，过度疲劳时，易加重心脏负担，心肌缺血缺氧，引起旧病复发。旅行社在安排线路时，要考虑到老年游客的特殊性，尽量将游览参观的节奏放慢，把时间安排得充裕些。在景点的选择上，选择老年人喜欢的、不需要太多体力的景点。对导游的选择可考虑以年龄偏大、阅历丰富的中老年为主，这样可以拉近导游员与老年旅游者的心理距离，使旅游在轻松愉快的气氛中顺利进行，而且应通过培训提高导游的业务水平，不但要求他们具备丰富的专业知识和过硬的表达能力，还要求其在老年心理、老年保健等方面有所了解。

5. 娱

根据老年人爱好绘画、书法、音乐、垂钓、桥牌、太极拳等娱乐活动，注重文化，喜好回忆的特点，在旅游当中组织一些有个性的娱乐活动。但安排娱乐活动，老年人参加的时间不要过长，内容不宜太惊险或太沉闷，场面不宜太闹太杂。

6. 购

老年游客在其旅游消费支出中，基本上全部用于旅程中的吃、住、行、游、娱，很少购物，而其他年龄组的购物支出往往占到整个旅程总消费的50%左右。从老年人的购买行为看，他们理智购买动机强，讲究经济实惠，不易受旅游商品的包装、外观、色彩、广告、销售气氛的影响，极少产生冲动性购买。他们选择安静的购物环境，期望得到尊重和热情接待，营业员的笑脸相迎、耐心解答会使他们迅速作出购买决定。因此，旅行社在整个游程安排中，购物不应做强制安排，不占用游程中的时间，让旅游者有充裕的时间游玩，如果游客要求购物则导游根据游客意愿安排，进当地大型超市或游客愿意去的商店。旅游商品价格要合理，按质论价，提供货真价实产品，在游客心目中树立良好形象，从而放心购物。旅游商品销售人员要热情、耐心、主动、周到。

7.2.2 不同性别旅游者的需要

不同性别的旅游者需要也不同。在旅游中女性游客比男性游客更倾向于通过人际交流的方式搜集旅行费用、食宿状况、线路安排这三种旅游信息；在信息搜集上女性较男性游客更为理性。对于游览民居和购买旅游纪念品两种旅游活动，女性游客比男性游客具有更强的偏好。男性与女性游客在旅游活动中存在偏好的差异，表现出的需要也不尽同。

1. 女性旅游者

女性旅游者可分为以下几种：传统女性、现代女性、理想女性。其中，现代女性是女性旅游市场的主力军，她们有自己的工作、事业、收入，在经济、人格上独立，是具有强烈的自我支配意识的女性，热爱生活和家庭，兴趣爱好广泛。单身女子与未婚女青年旅游的需求是观光、体验、购物，并且主要集中在吃、住、游、购环节，对于娱乐的选择多集中在对于生理条件改善的养生、美容、美体等层次。购物时要求多一些购物机会，女性爱美，害怕长时间在阳光下暴晒；并且，女性大多会注重自己的身材，饮食方面需要养生、健康的食品；住宿时要求环境整洁且安全。

案例 7-3

俗话说"三个女人一台戏"，妇女旅游团的最大特点是兴奋、热闹。那么导游员在接待过程中怎么做才会设法让她们高兴而来，满意而归呢？

案例分析：（1）讲解景点要清楚、要耐心，带团速度不宜过快，照顾面要周全，时常要多讲些有趣和传统的故事，让她们在轻轻松松的氛围中旅游。

（2）交代事情、提醒注意事项要清楚明确，说话不绕圈子。

（3）要经常关心她们的身体状况，带团时要多清点几次人数，防止有人走失。

（4）在旅程安排上要松紧适宜，多给她们一些交流感情的时间。

2. 男性旅游者

在旅游中男性倾向于有锻炼项目的活动，喜欢山岳、体育旅游、探险旅游和度假旅游等，喜欢吃当地的食品，喜欢太阳浴和进行有目的的旅游休养和参观旅游设施。对旅游中的吃、住、行、购以及对目的地产品供给、线路设计和在旅途过程中的人际交流方面也没有女性要求高。

7.2.3　不同层次旅游者的需要

1. 外国旅游者

来华旅游的外国旅游者多数是参加旅行团，也有一部分旅游者以散客的形式来华旅游。

外国旅游者：散客"旅行家"为收入较高、有一定社会地位的上层人士，需要贵宾式接待。"背包客"主要是一些学生、青年，崇尚自然、热爱环保，主要以体验生活为主要目的，喜欢探险、露营等活动。背包里通常有睡袋、帐篷等户外旅游用品。旅游团：观光团据美国旅游协会调查表明，多数在 50 岁左右，家庭年收入并不算高。专业团主要是观光和专业考察交流相结合。日本、美国和欧盟旅游者居多。青年学生团多为学生和职业青年，希望考察中国的历史文化，并和青年学生进行交流和联谊活动（见图 7-3）。

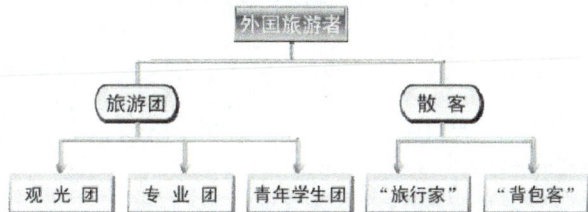

图 7-3　外国旅游者分类

> 北京导游小新接待了一个外国旅游团，在游玩几天后，游客威尔对故宫特别感兴趣，希望脱离团队，自己再游览一遍。面对游客这种要求，导游员小新应该怎样处理？

2. 海外华侨、外籍华人、港澳台同胞旅游者

海外华侨：在意服务人员的言行举止，在饭店里访客比较多，还会要求服务员帮助寻找失散的亲友或者联系亲友前来见面。

外籍华人：带有明显的异国特色，希望了解中国历史和文化，帮助寻根。

港澳同胞：对内地较了解，对生活要求不太高，比较注重安全和卫生，饮食讲究，愿意花钱游览，或者购买价格便宜的物品。

台湾同胞：对大陆不是很了解，谨慎小心，一般喜欢参拜寺庙，对手工艺品、茶叶等比较感兴趣。

总之，他们对祖国的山水风光和文物古迹很有兴趣，在感情上还有一种寻根问祖的需要。他们一般都希望祖国繁荣富强，看到祖国日益强大无不感到自豪。华侨、港澳台同胞、外籍华人旅游者喜欢购买一些土特产品如六神丸、发菜、云南白药等，带回去可以送给亲戚、朋友。对华侨、港澳台同胞、外籍华人旅游者的旅游服务，导游员要以情感人，提供情感服务，让他们感受到一种回家的温暖和亲切。

案例 7-4

导游小郑带团在石家庄游览期间，最后一天晚上一中年华侨找到他，说自己有个姨夫就在石家庄郊区，给他带了点礼物，可一直没能联系上，而明天自己就要回国，可能见不着了，并且天色已晚，邮局已经关门了，无法邮寄，感到非常遗憾！希望导游把自己带的礼物转交一下，导游小郑问密封的匣子里装的是什么，华侨说是一包茶叶，小郑见推托不掉，只好答应帮他转交。可是第二天，有警察找到小郑说他涉嫌贩运毒品，依法拘留审查！面对华侨的这种需求，导游怎么才能避免出现这样的结局？

案例分析：（1）导游原则上不帮助游客转递物品，请游客自行办理邮寄。

（2）如果游客确有困难，应请示旅行社同意，并请游客开具书面的委托书。

（3）导游一定要对转递的物品开箱检查。

（4）转递成功后请收件方开具接收条，并交旅行社留存。

3. 国内旅游者

由于国内旅游发展时间比较短，很多国内旅游者出游的目的是为了休闲、娱乐、观光、度假、探亲访友、就医疗养、购物、参加会议或从事经济、文化、体育、宗教等活动。游览的时候多数是停留在"走马观花"上，旅游消费处于比较低的水平，一般偏向于选择中低档次的饭店和餐厅，参加经济型的旅游团。国内旅游者出游的时间和地点都比较集中；旅游者需要吃、住、行、游、购、娱等方面都得到更好的服务；要求以较少的花费游览尽可能多的景点，并且要安全、经济、方便。

4. 业务旅行的旅游者

业务旅行者有团体和散客两种，他们主要进行各种业务活动（如访问、会议、会展、商贸洽谈、考察、学术交流、科研和采访等），也可能会利用空余时间进行观光旅游。

（1）政府代表团的需要分析；

（2）商务旅游者的需要分析。

这一类旅游者外出旅游并非出于消遣的目的，主要是为了参加会议、公务洽谈、视察、调研活动等，首先要解决公事。公务和商务旅游者对交通工具的要求是安全、快捷、舒适、方便，一般要求住高星级商务饭店，对价格不敏感。如果在办完公事之余还有空闲时间，他们也很乐意到附近的知名景点参观游览。

政府代表团的组成及特点：

（1）组成：主要是由政府机关的公务人员（领导官员、普通干部等）组成。

（2）特点："三高一短"：身份高；接待规格高；生活要求高；逗留时间短。

商务旅游者的组成及特点：

（1）组成：主要是由参加各种大型体育活动如世界杯、奥运会等以及其他类型的庆典、纪念活动的从事商业活动的消费者，以及各类企业员工所构成。一般商务旅游活动包括会展（如世博会、服装节、糖酒会等）、商业谈判、营销、管理（如培训、奖励旅游）等商务旅游活动。

（2）特点：

① 好讲派头，喜欢住商务客房，经常在高级餐厅举办宴会；

② 需要完善的商务设施和服务；

③ 因为时间比较紧、来去匆匆，所以商务旅游者不太关注消费服务的价格，而更注重消费所带来的舒适性、安全性和便利性和服务质量，更注重服务的效率、品质、个性化及完善程度，更看重物有所值。

7.3　旅游者的旅游动机

> 某旅游团抵达长沙，旅游者为先去哪个景点发生争执，导游为此开会讨论。一位老太太说："我们是冲着世界著名的马王堆而来的，应当先去看。"一位男士说："我们是从事教育工作的，到了长沙当然先看岳麓书院。"另一位妇女着急地说道："我们领着孩子来是要看毛主席革命的地方，让孩子接受教育的，应先看橘子洲头。"听到大家的争论，导游不知所措了。

为什么导游会不知所措？学习了本节关于旅游者的旅游动机的介绍后就会对本案例有一个理论把握，从而帮助旅游从业者正确处理此类事件。

7.3.1　动机概述

1. 动机的定义

动机是激励人们行动的原因。旅游动机是指激励旅游者外出旅游的原因。旅游者外出旅游的原因是复杂的，既有主观的因素也有客观的因素。

主观原因中包括：个人的安全感、个性因素、身体原因。客观因素中包括：可自由支配的时间、足够可供支配的金钱、交通工具和旅游设施的便捷程度、社会上鼓励旅游的风气。

案例 7-5

四川导游小张带了一个四大佛教名山朝圣团。这个团队已经朝拜了三大佛教名山，现在来到了四川，要朝拜普贤道场峨眉山。小张了解了团队的整个行程，因此在说欢迎词时，第一句便是"各位团友，你们已经朝拜完四大佛教名山中的三座，真是一路辛苦了！我是某某旅行社的导游小张，能够为大家服务我感到万分荣幸……"等到他讲完欢迎词，迎来的不是热烈的掌声，而是鸦雀无声，客人的表情非常肃穆，让他摸不着头脑，不知自己什么地方做错了。你知道小张什么地方做得不妥吗？

案例启示：因为宗教旅游团是指由宗教信徒组成的以朝拜圣迹、敬香还愿等为主要目的的特殊旅游团体。宗教旅游团由于其信仰、习俗的特殊性，都保留着其宗教本身所特有的禁忌。在见面时，佛教朝圣旅游团的客人就忌讳导游人员向他们道"辛苦"，说他们"辛苦"等于在怀疑其态度的真诚。导游小张因为不懂得佛教礼仪禁忌，在接团开始就犯了大忌。

7.3.2　动机的分类

按照不同的标准，动机可以分成不同的类别，如图 7-4 所示。

（1）生理性动机与社会性动机；

（2）内部动机与外部动机；

（3）原始动机与习得动机；

（4）主导动机与次要动机；

（5）有意识的动机与无意识的动机；

（6）近景性动机与远景性动机。

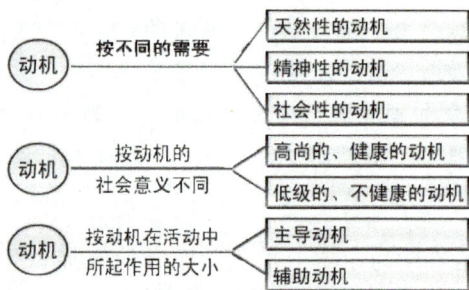

图 7-4　动机的分类

7.3.3　旅游动机的激发

（1）旅游行为的动力机制

时间、金钱、资源环境、旅游需要、心理紧张或不安、旅游动机（驱动力）、旅游决策、旅游行为、需要满足=心理紧张消除。

（2）影响旅游动机的因素

旅游主体：旅游需要；对旅游景点的知觉、兴趣、爱好；旅游者的自身知识水平、个体经验与想象力；时间与金钱。

旅游对象：独特性、动态性、民族性、旅游产品的多样性与优质性。

其他条件：交通情况、旅游旺淡季、旅游信息的丰富性与易得性。

（3）旅游动机的激发策略

① 在旅游资源的开发上要以自然为本；

② 努力开发有特色的旅游产品；

③ 要突出旅游资源的个性；

④ 要突出民族特色；

⑤ 加强旅游企业管理，提高旅游服务质量；

⑥ 提高管理水平和服务水平；

⑦ 完善旅游设施；

⑧ 加强旅游宣传，为旅游者提供信息。

课外知识一点通

菲律宾旅游部门设计的旅游广告：

小心购物太多，因为这里的货物便宜；

小心吃得太饱，因为这里的食物物美价廉；

小心被晒得一身古铜色，因为这里的阳光充足；

小心潜入海底太久，因为这里的海底世界瑰丽多姿；

小心胶卷不够用，因为这里的名胜古迹太多；

小心上山下山，因为这里的山光云影常使人顾不了脚下；

小心爱上友善好客的菲律宾人；

小心坠入爱河，因为这里的姑娘热情美丽；

小心被亚洲最好的餐馆宠坏；

小心对菲律宾着了迷而舍不得离去。

美国西北航空公司世界度假服务广告：

西北航空公司世界度假计划，统一安排，统一标价。惊涛巨浪之中的冲浪人是那么尽情，西北航空公司可以提供各种强刺激的度假一揽子服务。

美国联合航空公司英国航线促销广告：

我们将按皇家礼遇待你，在英国皇家卫队的帽子上具体标明了航空公司的服务，顾投英国人所好。

案例 7-6

　　一群旅游者去本溪旅游，在旅游结束后大家谈论旅游经历时一致认为，乘橡皮舟在太子河漂流是本次旅游最美好、最美妙的，而无人提及参观著名的本溪水洞的过程（无人肯定水洞的特点）。请问为什么？

　　案例分析：过程是一个在旅游动机支配下满足旅游需要的过程，但并不意味着只要是旅游就可以使旅游需要得到满足。缔造美好奇妙的旅游经历需关注以下几个问题：

　　（1）旅游行为和旅游需要相符，如果错位结果只能是失败。

　　（2）主动参与是至关重要的。人有这样一种心理定势，即维护已形成的观念和已作出的行为，这是在保护自我价值观。自己作出的决定，同时付出的代价越大（经济、时间、金钱、体力等），自我维护现象越明显。

　　（3）付出体力和脑力越多，参与其中的器官越多，情感涉入越多，感受越深，印象越深。被动地看和听，自然没有主动做感受美妙难忘。

　　人们利用"双休日"进行短线旅游的动机是什么？

7.4 旅游者的兴趣

7.4.1 兴趣概述

1. 兴趣的定义

　　兴趣是人们力求认识、探究某种事物的心理倾向。旅游者兴趣的特点主要表现在倾向性和广泛性两个方面。兴趣的倾向性是指兴趣所指向的客观事物和活动的具体内容，分为积极的倾向和消极的倾向两种。兴趣的广泛性是指兴趣指向客观事物范围的大小。

　　人的各种需要是兴趣产生和发展的基础。兴趣产生的基础不仅是天然性物质需要，而更主要是精神和文化的需要。

2．旅游者兴趣形成的条件

旅游者兴趣形成的条件不同，使旅游者表现出不同的兴趣倾向性和不同的兴趣范围。旅游者兴趣形成的条件，主要包括三个方面：社会生活条件方面的差异、实践活动方面的差异、所掌握知识与技能方面的差异。

7.4.2　旅游兴趣的分类

（1）按旅游兴趣的指向或接触的方式划分，可分为直接的旅游兴趣和间接的旅游兴趣。直接的旅游兴趣是指对旅游活动本身的兴趣，新奇的景色、与旅游需要相符合的旅游活动，都容易引起人们的直接兴趣。间接的旅游兴趣是指对旅游活动本身没有兴趣，而对参加旅游活动所追求的目的和结果感兴趣。

（2）按旅游兴趣对象的内容划分，可分为旅游的物质兴趣和旅游的精神兴趣。旅游的物质兴趣是指旅游者对于旅游过程中衣、食、住、行等物质生活用品和娱乐设施的兴趣。旅游的精神兴趣是指旅游者在旅游活动过程中的认识兴趣和理解兴趣，尤其是对旅游对象中的文学、艺术、美术、历史、文化、宗教等方面的探究与审美的兴趣。

（3）按旅游兴趣的稳定程度划分，可分为旅游的即时兴趣持久的旅游兴趣稳定的旅游兴趣。旅游的即时兴趣产生于某次旅游活动中，是旅游者对某一旅游现象的短暂兴趣，随着旅游活动的结束而消失。持久的旅游兴趣是指旅游者对旅游现象长期保持浓厚的兴趣，经久不衰。稳定的旅游兴趣可能发展到旅游爱好或旅游偏好。就个人而言，旅游兴趣都相对短促；但就整个人类而言，人们对旅游的兴趣却是持续不断的。

（4）按旅游兴趣的广度划分，可以分为广博的旅游兴趣和狭窄的旅游兴趣。

（5）按旅游兴趣的性质划分，可分为高雅的旅游兴趣和低级的旅游兴趣。高雅的旅游兴趣是指对旅游活动在休闲、娱乐、探索、求知、审美等各个方面，都能正确理解、积极参与、行为端正，健康有益的兴趣。低级的旅游兴趣是指对旅游活动中可能出现的赌博、色情等不健康的低俗行为感兴趣，也包括对旅游过程中的"倒逆现象"的偏爱。

7.4.3　旅游兴趣在旅游活动中的作用

（1）兴趣对旅游行为具有动力功能。日本心理学家木村久一说过："千万不要忘记，毅力、勤奋、入迷和忘我的出发点在于兴趣。天才就是强烈的兴趣和顽强的入迷。"

（2）兴趣对旅游行为具有定向与引导功能。当人们已经形成旅游动机的情况下，到底去哪里旅游，采取什么旅游方式，或者是在产生了旅游动机冲突的情况下，旅游兴趣就起到了重要的引导作用。

（3）旅游兴趣对旅游行为的优化调控功能。旅游者在旅游过程中对旅游对象和活动方式的取舍、选择和旅游行为的改变，都受旅游兴趣的调解。

（4）旅游兴趣的陶冶情操作用。《文心雕龙》中有句名言："登山则情满于山，观海则意溢于海。"

（5）旅游兴趣对旅游活动的激励作用。心理学研究表明，每个人都有潜在的兴趣，在没有激励的情况下，人的兴趣只能发挥 20%～30%，而一旦受到激励，则可以发挥 70%～80%，甚至更大。

讨论

　　地陪小王在陪同一对老年夫妇游览故宫时工作认真负责，在两个半小时内向游客详细讲解了午门、三大殿、乾清宫和珍宝馆。老人提出了一些有关故宫的问题，小王说："时间很紧，现在先游览，回饭店后我一定详细回答您的问题。"游客建议她休息，她都谢绝了。虽然很累但她很高兴，认为自己出色地完成了任务。但是那对老年夫妇却给旅行社写信批评了她。请问：你认为老年游客对小王的批评有道理吗？为什么？

课后练习

一、选择题

1. 以下哪些描述符合游览活动阶段的心理特点？（　　　）。

   A. 求安全心理　　　　B. 求新心理　　　　　C. 急于购物　　　　　D. 惦记回程交通

2. 当你发现客人对服务项目兴趣不大的时候，你应该怎么办？（　　　）。

   A. 控制积极性、继续服务　　　　　　　B. 提高积极性、继续服务

   C. 控制积极性、暂停服务　　　　　　　D. 提高积极性、暂停服务

3. "求新、求知欲强，有冒险精神"是针对哪类旅游者特点的描述？（　　　）。

   A. 儿童游客　　　　B. 青年游客　　　　C. 中年游客　　　　D. 老年游客

4. 以下哪些旅游活动是男性游客所喜欢的？（　　　）。

   A. 体育旅游　　　　B. 探险旅游　　　　C. 度假旅游　　　　D. 购物旅游

5. "主要是一些学生、青年、崇尚自然、热爱环保、主要以体验生活为主要目的"，描述的是哪类外国游客？（　　　）。

   A. 旅行家　　　　B. 背包客　　　　C. 观光团　　　　D. 专业团

二、简答题

1. 简述旅游者在旅游活动不同阶段的需要。
2. 旅游团中如果有儿童，导游应该注意哪些方面？
3. 简述海外华侨、外籍华人、港澳台同胞旅游者的旅游需求。
4. 什么是旅游动机，产生旅游动机的因素有哪些？
5. 旅游兴趣在旅游活动中具有哪些作用？

第8章

旅游服务心理

知识要点

❖ 了解游客在旅游活动中的一般心理需求。
❖ 掌握导游服务的心理策略。
❖ 了解游客在旅游饭店的前厅、客房、餐厅等部门的各种不同心理需求。
❖ 掌握旅游饭店各部门的服务策略。
❖ 了解游客对旅游交通、景区、购物、娱乐服务的基本心理需求。
❖ 掌握旅游交通服务、旅游景区服务、旅游商品销售服务、旅游娱乐服务的心理策略。

课堂训练

性别不同的旅游者，由于社会的分工，男女在生活空间、与社会的联系和交往以及所接受的教育等因素的影响下，使得不同性别的旅游者在心理上存在差异。旅游者由于不同的年龄和社会联系的广度、深度、强度的不同，他们在心理上具有很大差异。不同职业角色的旅游者由于不同的社会地位和独特的生活方式，使其价值观念、人际态度和自我知觉之中会有所不同。因而，不同职业的旅游者在旅游消费活动中的消费心理和消费行为具有很大的差异。

思考题

1. 在旅游消费活动过程中，不同性别、年龄、职业者的心理有什么不同表现？各有哪些特点？
2. 随着现代社会不断地发展，旅游消费者的心理出现了哪些变化？请分析其原因。

以上的课堂训练是对旅游者需要、动机、兴趣一章内容的升华。只有把握了游客的心理才能更好地进行旅游服务。

8.1 导游服务心理

案例 8-1

小刘今天接到一个从某村来秦皇岛的旅游团队，由于是第一次带团小刘做了充分的准备。接到团后小刘开始进行讲解，从秦皇岛的地理位置到气候气象，再到历史发展小刘讲得是慷慨激昂，可是游客却意兴阑珊，一开始还有几个人听，过了一会儿大家就自顾自地大声地说起话来，小刘很是尴尬，硬着头皮继续讲。又过了一会儿有几个人在后边不耐烦地冲小刘喊："都说的什么乱七八糟的？烦不烦啊？我们是来旅游的，不是来听你念经的。"小刘心里这叫委屈，作为导游不是应该好好讲解的吗？自己到底错在哪儿了？

案例分析：案例中小刘虽然在导游词方面做了充分的准备，但是所接待的是农民团队，作为导游员针对他们讲解的时候不能一味地追求语言的华丽而要选择通俗易懂的语言，而小刘却没有意识到这一点，从而引起了游客的反感。

8.1.1 旅游活动时的一般心理

游客来到异国他乡旅游，旅行社要为游客安排好吃、住、行、游、购、娱等需求的服务，这些服务大多数是由导游来协调和组织的，导游提供的良好的服务在整个旅游活动中起到了至关重要的作用。游客的经历、文化水平、社会地位、兴趣爱好、个性特征等各不相同，他们在旅游活动中心理需求有很大的不同。因此，导游要了解游客在游览的不同阶段的心理变化，采用恰当的服务技巧，为游客提供优质满意的服务。

不同类型的游客心理需求各不相同，但是一些最基本的心理却具有共性。

（1）周到的服务

游客希望整个旅游活动中所有的一切都能够按照计划进行，导游能够根据旅游计划提供周到的服务，安排好吃饭、住宿、购物等一切事项，一旦计划被打乱，就有可能引起游客的不满。

（2）合理的安排

合理即在旅游活动中时间安排要合理，从活动开始导游就应该针对旅游计划进行时间的安排，如早上几点起床用餐，旅游景点安排多长时间，几点返回休息等，做到松弛有度，在保证休息好的同时，让他们有充分的时间观光游览。

（3）高质量的导游服务

高质量的导游服务是游客最迫切的心理需求。导游员是游客在陌生环境中的唯一向导，服务要热情，讲解要到位，知识要丰富……在旅游活动中，导游员要能够满足游客生理和心理上的需求。

8.1.2　导游服务时的服务策略

1．营造尊重的氛围

在旅游活动中，游客求得尊重的需要显得尤为突出。他们都希望在其旅游的过程中，在与每一个人的交往中，其人格都能得到尊重，所提出的观点能得到别人的认同。因此，导游在为游客提供服务时，应不论游客的肤色、宗教信仰和个人收入以及消费水平的高低，要一视同仁地对待每一位游客。特别是对于那些出游的主要目的就是为了抬升自身的社会地位，寻求社会尊重的游客来说，尊重氛围的营造就显得更为重要。

2．激发游客兴趣

游客是怀着浓厚的兴趣、强烈的好奇心出来旅游的，导游在旅游活动中时刻观察游客的反应，找到游客的兴趣点，针对游客的心理需求进行导游和讲解，激发游客对旅游内容产生兴趣。导游讲解时要善于抓住游客的兴趣，用精彩生动的讲解，增强游览的兴致，减轻旅途中的疲劳。在讲解之余，利用各种时机，组织丰富多彩的活动，让游客参与其中，有效地调动游客的积极性，营造愉快的氛围，让游客享受游览美好的时光。

3．调节游客情绪

一般来说，当客观现实符合人的需要时就会产生积极的情绪；反之，人们就会产生忧伤甚至是恐惧等消极的情绪。作为导游来说，应努力成为游客情绪的组织者和调节者，尽可能地满足游客的需要，使每一位游客的情绪都能一直处于积极的状态之中，从而保证旅游活动的顺利进行。

讨论

大家说说看，在旅游过程中有哪些活动能够调节游客的情绪？

4．满足游客需求

尽最大可能地满足游客的需求是导游服务的基本原则，贯穿于导游服务的始终。如果游客提出的个别要求是合理的，并且经过努力是可以办到的，导游就应努力满足游客的要求。满足游客的各项合理要求是导游服务工作的一个重要方面，为了更好地满足游客的各种需求，导游在为游客提供优质服务时，应随时关心游客，了解他们的个别需求，将规范化服务和个性化服务结合起来，做到在"合理而可能"的情况下既满足游客的一般需求，又在此基础上满足其个别要求，以提高游客的整体满意度。

5．提供个性化服务

导游是根据游客的心理需求，为他们提供规范化的服务，但是游客认为这是导游应该为其提供的服务。为了让游客得到满意的服务，导游要针对游客的个别要求，在合理与可能的条件下提供意想不到的服务，这样会使游客感觉到他们与导游之间并非仅仅是金钱关系，而是充满人情味的朋友关系。导游面对游客的一些特殊需求往往不是按标准服务所能完全解决的，要从细微处入手，真诚为游客服务，并为游客提供"额外的惊喜"。

8.2 餐饮服务心理

案例 8-2

某日，游客缪先生来到餐厅用餐，在用餐时服务员小李按例为游客沏上浓郁芬芳的茶水。当为游客端上时，这位宾客谢绝了，他专门让小李为他倒上一杯白开水。她及时满足了这位游客的要求，并把这位游客的嗜好深深地记在心里。事隔三个月的一天，这位游客再次带朋友来酒店，用餐时，小李照例为每位游客端上茶水，唯独送到他面前的是一杯白开水。游客惊异，不解地问："你怎么知道我不喝茶水？"她微笑着回答："先生，5 月份您曾下榻我们酒店。用餐时，得知您喜欢白开水。这次，特意为您准备了一杯白开水，希望您能满意。""真是太了不起了！"游客由衷地发出了赞叹，脸上露出满意的笑容。

案例分析：在优质服务三步里，准确认知游客需求是关键。小李能细心体察出游客的需求，并及时地满足了游客爱喝白开水这一个性需求。这一切做得那么自然而又细致，亲切而又到位，完全体现出饭店一直倡导的亲情服务的内涵。而做好服务的根本，就是"不经意处多留心，于细节处下功夫"。服务二字唯"细心"是根本。

8.2.1 游客餐饮活动时的一般心理

随着社会经济的发展，人们生活节奏加快，越来越多的人选择到餐厅就餐，而游客就餐的目的不仅仅是为了温饱，更注重食品的享受和精神享受。因此，酒店餐饮部服务人员既要向游客提供合口味的美味佳肴，又要向游客提供优良的就餐环境和优质的餐饮服务，使游客得到生理、心理的满足。所以，餐厅服务人员要想让游客满意，除了要有优质的服务技能外，还要懂得如何把握游客的心理需求，为游客提供规范性服务之外的个性化服务，让游客体验到与众不同的感受。

1. 求尊重的心理

游客进入酒店用餐，希望受到服务人员热情、主动的接待、服务，不会因衣着、相貌受到怠慢。希望在点菜中无论价格高低，服务人员都能热情对待；在用餐过程中不受服务人员的打扰；更希望自己的用餐习惯、宗教信仰、生活习俗得到服务人员的充分理解和尊重。

2. 求安全的心理

安全需要是游客到餐厅用餐的最基本的需要。安全需要主要包括食品安全、人身财产安全。游客到餐厅就餐希望吃到干净不受污染的食物，使用经过消毒的餐用具，菜品制作者和服务人员的各项操作能够符合卫生标准。另外，游客也希望他们在餐厅就餐过程中不会发生意外，如人身安全不受侵害、财物不被盗等。

3. 求快速的心理

游客到餐厅用餐，都希望餐厅能提供快捷的服务。他们希望能迅速地找到合适的座位；希望服务人员能尽快为他们点菜；希望点菜后能尽快品尝到自己所点的菜点；希望服务人员有秩序地按游客的先来后到供应菜点；希望有什么要求示意一下，服务人员就能尽快满足自己的要求。但是餐饮服务也并非一味求快，要适时把握上菜的时机和节奏，让游客在悠闲的氛围中悠然地品味菜肴。

4. 求食物合口味的心理

游客到餐厅用餐的目的不仅仅是为了温饱，更多的是要求食物美味可口。人们的口味看似千差万别，但其实是有规律可循的，受到地理区域、气候、历史、民族、年龄、风俗习惯及个人健康状况等因素的影响。因此，服务人员在日常工作中就要不断积累，向游客推荐满意的菜点。

5. 求新知的心理

游客在餐厅用餐的过程也是了解和体验饮食文化的过程。游客来到餐厅，都热衷于品尝当地的特色风味。游客在品尝菜肴时对菜肴的来历、典故、寓意、制作方法、营养价值等特别感兴趣。因此，求知已经成为部分游客到酒店用餐的心理需求之一。

8.2.2　餐饮服务时的服务策略

游客到餐厅就餐时，希望酒店餐厅能提供优良的就餐环境，合口美味的菜肴和热情周到的服务。因此，旅游饭店餐饮部在营造温馨就餐环境的同时，要不断地推陈出新提高菜肴的品质。另外，餐饮服务人员要具备良好的服务技能，还要懂得把握游客的心理需求，根据游客的心理做好餐厅服务。

1. 提供优雅的就餐环境

创造良好的就餐环境，有利于刺激游客的消费。随着人们消费观念的改变，在餐厅用餐已经成为一项综合的审美活动。餐饮部应根据游客的心理需求，为游客营造出美观雅致、柔和协调、安静舒适的氛围。如餐厅内的空气要清新，地面洁净无污垢、无杂物，墙壁无灰尘，餐桌餐椅整齐有序，台布、口布洁净无瑕；餐厅内要有清静的餐饮环境，应减少噪声的存在，餐厅应使用具有吸音和消声功能的材料进行装修，加大餐桌之间的距离，以减少游客之间的相互影响。餐厅中应播放恰当的背景音乐。服务人员在工作中，要做到走路轻、说话轻、操作轻，这样不仅能减少噪声，还能使游客产生亲切感和文雅感。

2. 提供干净、卫生的就餐环境

（1）餐饮产品卫生

餐厅提供的餐饮产品相当一部分是用鲜活原料制作的，具有很强的时间性和季节性，若处理不当极易腐烂变质。因此，餐厅应加强管理，保证所提供的产品无论是生食、熟食都是卫生安全的。

（2）餐具卫生

餐厅是公共用餐场所，餐具是疾病和病菌传播的一个重要途径。所以，凡是盛装直接入口的食品、饮料的酒杯、盘子、碗、碟和所有小件餐具都要进行严格消毒。消毒后的餐具要妥善保存，以免再受污染。

（3）服务卫生

游客在用餐的过程中，离不开餐厅服务人员的服务，餐厅服务人员的个人卫生也是影响餐饮卫生的重要因素。因此，餐厅工作人员应保持着装整齐、干净、不留长发、长指甲，不涂有色指甲油，男士不留胡须，除婚戒外，不戴任何首饰，保持体味清新，无传染性疾病。在操作中严格按照卫生操作标准提供服务。

3. 提供合口味的菜肴

（1）菜单设计

菜单是旅游饭店为推销餐食饮料而制定的产品名称和价格的一览表，在餐饮部的经营和销售中起着重要的作用。因此，旅游饭店在编制菜单时，应注意根据游客的国籍、民族、宗教信仰、生活习惯等特点安排菜品，尽力做到菜品花样繁多，风味突出，鲜艳夺目，美味可口。

（2）注意保持菜品的最佳温度

菜肴、饮料都会有其最佳温度，达到最佳温度时，其口感最好。因此，餐饮服务人员应掌握菜肴、饮料的最佳温度（如火热的夏天 6～8℃的啤酒味道最好，冬天则是 8～12℃，甜味的食品在 37℃时最甜，酸味食品在 8～40℃时味道基本不变），让游客品尝到口感最佳的菜肴和饮料。

（3）注意食品的营养、健康

餐饮服务人员平时要积累食品营养方面的知识，在服务过程中注重对菜肴营养价值的介绍，能根据游客的具体情况，为游客推荐合适营养的菜品。必要时，可以请营养师到餐厅现场为消费者提供饮食养生知识的咨询服务，并对餐饮服务人员进行养生知识的培训，以满足游客对营养健康的心理需求。

（4）推陈出新

餐厅产品的可变性和可塑性极强，在激烈的饭店业竞争中，不断更新菜品是一种切实可行的心理策略。餐厅要注重挖掘传统食品，加以新的面貌，让传统的菜品焕发新姿。如山区推出的"山珍宴"、"山菌系列"，江湖地区推出的"全鱼宴"等。餐饮服务人员应具备丰富的餐饮知识，能够介绍菜名的寓意、来历、典故、原料及制作方法等。

4．热情服务，尊重游客

为了满足游客求尊重的心理，可采用以下的策略：

（1）提供热情、亲切的微笑服务

游客到餐厅就餐，希望自己是受欢迎的，作为餐厅服务人员，在迎送游客时，要热情、礼貌。对于常客，服务人员要直接称呼其姓名和尊称，使游客感觉自己备受重视。如果较多的游客同时到达时，服务人员不能一一问候，可以通过亲切的微笑服务面向所有游客，使每一位游客都感受到受尊重。

（2）引座恰当

服务人员在引领时，应注意观察游客的特征，如穿着时髦华丽的女性游客应安排在餐厅中央显眼的位置上，情侣或夫妻尽量安排在风景优美的角落里，行动不便的老年人或者残疾人应安排在靠近门的地方。另外，残疾人入座后应尽量挡住其残疾部位，不可有好奇的目光，在为他们服务时，要做到尊重、关心和适当地照顾，注意灵活帮助他们，使他们感觉到是帮助而不是同情。

（3）尊重习俗

在餐饮服务过程中，服务人员除了具备良好的服务技能外，在推荐菜点、酒水及操作时应尊重游客的风俗、生活习惯。另外，在为宴请游客服务时，要耐心、周到，给足主人面子，以使宴请活动的氛围轻松、愉快和顺利。

（4）注重语言艺术

在餐饮服务过程中，餐饮服务人员要使用酒店文明用语，如"欢迎光临"、"您好"、"我能为您做些什么？"、"谢谢光临"等。使用文明用语也是对游客的尊重。

8.3　住宿服务心理

案例 8-3

某日，李先生致电 A 酒店前台，要为他的客户预订房间，因为当时没有套房，只好预订了一个单人间，但他特别强调由他结账。晚上，李先生带着一位香港游客登记入住，香港游客问到有没有套房时，服务员查看房态后回答"有"（原来有一位预订套房的游客下午取消了预订）。李先生纳闷道："我上午预订时怎么说没有呢？"由于没有交接，服务员回答："不太清楚怎么回事。"虽然李先生有点不开心，但没有计较。收取订金时，香港游客抢着付钱，两人在总台相互推让。李先生说："我来酒店只要签个字就行了！你不要客气了。"于是就在登记单上签了字。正当游客要上楼时，服务员叫住了李先生说："对不起，协议上没有您的名字，您没有签单权限。"这时李先生脸色有点难看，但还是礼貌地说道："我们单位不是有协议吗？请你再查一下！"说完就去一边接电话。服务员又查了一遍确实没有。这时，香港游客用信用卡结了账。李先生打完电话后发现服务员已经用香港游客的信用卡结了账，再次压住了心中的怒火，立即让服务员将预授权取消，然后付了现金。在送游客上楼后，李先生立即向大堂经理投诉。

案例分析：前厅服务人员在套房预订取消后，应及时与李先生联系，询问是否换房。总台服务人员一定要做好交接工作，在对客服务时，不应对游客说"不"，直白的回答会让李先生很没面子，也会让香港游客觉得李先生没有为他订好房间。李先生没有签名权限不应当着香港游客的面喊，让他觉得很没面子，应等他将游客送上楼后再委婉地向他说明。李先生在预订时特别强调要由他来结账，说明这位游客对他来说非常重要。服务员应拒收香港游客的押金，并解释李先生会结账。本案例中，总台服务预订环节、入住登记环节都存在一定的问题，在为游客服务时，要充分考虑游客的心理，做好服务工作。

8.3.1 游客在前厅时的一般心理

旅游饭店是为游客提供住宿、餐饮、娱乐、购物等综合服务的场所。前厅部是旅游饭店的窗口，是留给游客第一印象和最后印象的所在地，其服务的好坏不仅直接影响饭店客房的出租率和经济效益，而且能够反映出饭店管理水平和服务质量的高低。所以前厅部员工在做好功能服务的同时，更要注重为游客提供针对性的心理服务，使游客真正产生"宾至如归"之感。

1. 求快速的心理

游客经过旅途劳累来到前厅，希望总台能够快速地办理入住登记手续，尽快到客房休息，以解旅途疲劳。而在离店时，又希望总台能够用最短的时间、最简便的手续提供结账服务。前厅服务员要提前做好准备，服务过程灵活、高效，最大限度地满足游客求快速的心理。

2. 求方便的心理

游客希望总台在办理各种手续时简单快捷，减少一切繁文缛节，为他们提供方便。另外，游客在饭店住宿期间还需要饭店能提供相关服务，如预订车票、预订餐位或代办通信及外币兑换等多方面的方便服务。同时游客在选择居住的旅游饭店时也要考虑饭店与其他地方的来往是否方便，如旅游饭店与旅游景点之间的距离的远近，交通是否四通八达，是否有餐厅、商场、邮电通信设施等配套服务。"方便"是游客在入住旅游饭店时最基本的需求。所以前厅部应提供一系列的方便游客的服务项目，让他们享受饭店服务带来的各种便利。

3．求公平的心理

公平合理也是游客对旅游饭店的基本需求。当游客入住旅游饭店时，不会因为国籍、性别、着装、所选择的服务项目而受到不同的待遇或者同类客房价格不一给游客带来心理上的不公平、不合理。只有游客感觉到旅游饭店的前厅接待、客房收费是公平合理的，才会在心理上达到平衡，认为没有受到歧视和欺骗。

4．求新知的心理

游客到陌生的地方旅游，对周围的一切事物都会感到好奇，他们想了解客房的设施配备、价格、用餐标准；更渴望了解当地的文化古迹、风景名胜、本地交通、特色旅游商品、风味名吃、购物商场等情况。所以，前厅服务员平时应不断积累相关知识和信息，随时给游客一个准确而流利的回答，以满足游客探求新知的需求。

5．求尊重的心理

当游客进入饭店，首先接触的就是前台的接待人员，他们希望自己是受欢迎的，期望尊重他们的人格意愿、风俗习俗及宗教信仰。希望服务人员要笑脸相迎，语言要礼貌友好。不因游客的语言是否礼貌、行为是否得体而有不同的接待行为。总之，游客一踏入酒店，就期望得到应有的尊重，期望进入一个充满友好、令人愉快的环境之中。

8.3.2 游客在前厅时的服务策略

饭店前厅部是第一个与游客接触的部门，也是游客接触最多的部门。游客往往会通过前厅部的服务工作来联想整个酒店的服务质量。因此，除了要有良好的服务技能外，还要懂得如何把握游客的心理需求，满足游客在前厅的种种心理需求，从而提高游客对酒店的满意度。

1．营造优雅的就餐环境

前厅部是每位游客抵离饭店的必经之地，是游客办理入住登记手续、会客、休息和退房结账的地方。大堂在设计时，应以宽敞的空间、和谐的装潢为主题，营造出一种温暖、舒适和欢迎的氛围，以便给游客留下美好的第一印象和难忘的最后印象，一般要求：前厅的布局要紧凑合理，既要方便游客，又要便于前厅服务人员的对客服务；各种服务项目要有醒目、易懂的标志，让游客一目了然，以便满足游客求方便、求快捷的心理需求；大堂内光线柔和、无噪声，温湿度要适宜；服务设施和整体环境浑然一体，色彩格调与氛围相互协调，使游客进入酒店确实能产生宾至如归、舒适温暖的感觉和体验。

2．培养高素质的员工

服务质量的提高有赖于高素质的员工。前厅工作人员应具备以下素养。

（1）注重仪表美

仪表美指一个人的外表，包括人的形体、容貌、服饰、姿态、举止、风度等方面，是一个人的精神面貌和状态的外在体现。前厅服务人员的形体条件要求比较高，一般要求五官端正、身材挺拔、面容姣好，给游客以视觉上的愉悦享受。前厅员工的穿着打扮要整洁大方，不佩戴饰品、身上无异味。前厅服务人员的行为举止也应大方得体，热情庄重。服务人员的行为要给游客美观、大方、优雅的感觉，使游客产生亲近感、信赖感。

（2）注重语言美

语言是人与人沟通、交流的工具。前厅的优质服务需要用语言来表达。因此，前厅工作人员的语言要求是语言要文明、礼貌、简明、清晰。对于游客提出的问题要应答及时，无法回答时，应予以耐心解释。另外，与游客交谈时，语音音量要适度，既要让游客听见，又要不影响其他游客。

（3）提高服务技能

游客经过长时间的旅途劳累后，希望能够迅速到客房休息。前厅总台服务工作包括预订客房、入住登记、电话总机、贵重物品寄存、商务中心、礼宾、结账等。因此，前厅服务人员要具有娴熟的服务技能。只有熟练地掌握各种服务技能，才能高效、敏捷地提供各种服务。如一名接待员要在3分钟之内为游客办理完入住手续，问讯员提供访客查询服务不超过3分钟，话务员转接电话遇有占线或无人接听时，及时向游客解释，请游客等候时间每次不超过45秒。

3. 提供公平、合理、周到的服务

游客在景区、酒店的消费档次存在高低之分，但他们求公平、合理的心态是一致的。他们不希望因所选择的服务项目不同、消费多少不同、中外国籍的不同而受到不公正的待遇。为了保证酒店前厅的服务工作质量，许多酒店内设大堂经理工作岗位，其主要职责是处理各种日常和突发事件，帮助游客解决遇到的各种困难。

4. 尊重游客，保护个人隐私

马斯洛的需要层次理论认为，得到社会的尊重是人的高级的心理需要。自己的名字能够被前厅服务人员记住，并且能够准确地称呼就是这种需要的一种很好的满足。在工作中，前厅服务人员应尽力记住游客的姓名、房号和体貌特征，准确把握游客的心理特征和习俗忌讳，提供细心周到的服务，使游客留下深刻的印象。

对于酒店住客的访客，前厅接待人员也要以热情的态度接待好，但要注意严格保护游客的隐私。未经当事人同意，不随意向来访者泄露游客的个人隐私。

8.3.3 游客在客房时的一般心理

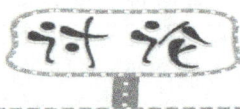

讨论

在你看来，一次完美的住宿体验应该包含哪些方面？

　　客房是饭店的基本设施和重要组成部分，是游客在旅途中的"家"。现代饭店的客房不仅仅是游客休息的场所，更是游客进行社交、商务活动的场所。因此，对客房的环境、客房设施设备、清洁卫生以及服务质量都提出了更高的要求。游客期望有一个舒适的、符合自己生活习惯的住宿环境，还希望在客房受到热情周到的服务，得到精神上的满足。因此，服务人员要了解游客对客房的心理需求，提供个性化的服务，让游客真正体会到"宾至如归"的感觉。

1. 求安全的心理

　　游客在外旅行，由于陌生的环境和个人非控制因素的增加，他们非常担心人身和财产安全。游客希望进入客房后，能够保障他的人身安全，钱财不丢失不被盗，不希望发生火灾等其他意外事故。万一发生意外如火灾，酒店能采取有效措施，保障他们的安全。在生病、醉酒时，服务人员能及时采取措施，保障他们的人身安全。

2. 求方便的心理

　　游客到陌生的城市，对周围的环境不熟悉就会有一种无助感。因此，游客迫切地希望酒店的客房能像自己的"家"一样方便。客房内的设备齐全，运转正常，备有常用的生活、文化用品；希望服务员能够代为洗衣、缝补、代购物品、订购票据。当游客遇到困难或行动不便时，酒店可以提供方便，设法帮助他们解决困难。总之，游客希望一切都能如在家中一样方便和便利。

3. 求干净的心理

　　干净卫生是游客对酒店客房的基本要求。每间客房都会接待不同的游客，客房内的设备用品可能被以前的游客使用过，游客会十分在意客房内的毛巾、浴巾、被单、枕套、马桶、浴缸、洗脸盆是否已经消毒，沙发、写字台等办公用具是否干净。所以，服务人员在清理客房时应严格遵循客房卫生操作规程，认真做好客房卫生。经过消毒的客用物品贴上"已经消毒"的标志，这样能起到一定的心理效果。另外，宾客希望客房能得到及时的整理，时刻保持清洁、卫生。

4. 求舒适的心理

　　酒店客房是游客住店期间主要的休息场所，游客希望在客房能够享受到舒适、宁静和快乐。他们希望室内环境优雅、布置典雅、空气清新、温湿度适宜、灯光柔和、卧具舒服，希望没有噪声打扰，希望服务员有良好修养，打扫房间时动作轻。

5. 求尊重的心理

　　游客进入酒店客房，希望自己是受欢迎的；希望看到服务人员真诚的微笑；希望服务人员能够尊重自己的生活习惯、宗教信仰；希望服务人员能够尊重自己对客房的使用权，服务人员不随意翻动自己的物品，未经允许不擅自进房；希望服务人员能够尊重自己的游客，希望在友好的氛围中，满足自我尊重的需求。

8.3.4 游客在客房时的服务策略

人们外出旅行，首先必须要有地方休息、住宿。如果休息不好游客就会产生消极的情感。因此，客房服务的好坏直接影响到顾客的满意程度。客房服务应根据宾客的心理特征，在规范性的服务之外，尽可能地满足游客在生理和心理方面的需求。

1. 营造温馨、舒适的客房环境

酒店客房的主要功能是游客休息的场所。因此，客房环境在设计的时候要以体现舒适感为原则。如客房内的灯光要柔和，室内装修所用的色彩要和谐，深色适用于地板，中间色适用于墙壁，淡色适用于天花板，这样的色彩搭配会让人感到舒服。另外，除了色彩协调外，客房内的家具、艺术品、装饰品也要搭配协调，布置雅致。

客房是游客休息的地方，因此客房内的卧具要柔软舒适，并有一个安静的环境。因此，客房在装修时要使用隔音材料以阻隔噪声的传导。客房内所选用的设备用品，也要选用噪声小的。服务人员在打扫客房时尽量选择游客不在房间的时间进行，在操作时要做到"三轻"，对大声喧哗的游客要礼貌的制止，共同为游客营造温馨舒适的环境，让游客真正体会到"宾至如归"。

2. 保持客房内的清洁卫生

干净、整洁、卫生是客房服务质量评价的基本标准。服务员要保证客房良好的卫生状况。严格按照客房卫生清洁操作规程进行客房的清洁工作。床铺要整洁，地面、桌面、墙面无灰尘，水杯、茶杯、马桶要清洁干净，严格分类消毒，并放上写有"已消毒，请放心使用"字样的套封和封条。客房内的布件用品要及时整理，保证"一客一换"，垃圾及时清理，客用消耗品及时整理补充，还要采取有效措施及时消灭房间内的老鼠、蚊虫、蟑螂等害虫。保证清理后的房间清洁、整齐、美观、没有使用过的痕迹。

3. 保障客房安全

安全是游客对旅游酒店最基本的要求，也是饭店管理的重要任务。首先，客房内外应配备健全的安保设备，如在大堂、客用电梯、楼层过道、公共娱乐场所设置电子监控系统，客房内有自动灭火系统、安全报警系统等。配备以上设备能使宾客产生酒店安全系数较高的放心感。其次，应提醒游客要有安全意识，客房内除了原有电器和客房内允许宾客使用的剃须刀、电吹风等小型电器外，禁止使用其他电气设备，更不能使用电热设备，提醒游客禁止将易燃、易爆品带入客房。客房内应配有禁止卧床吸烟的标志，及安全逃生图、安全须知，让游客了解发生意外事故的应急措施。再次，客房内的财产和游客财物常是不法分子盗窃的目标，因此酒店应采取有较措施，如建立健全访客制度，加强钥匙管理，加强巡查，加强客房部员工管理，来防止游客物品在客房内的物品丢失或被盗。最后，对于醉酒或生病的游客要特别留意，并采取合理措施，保证游客安全。

4．文明礼貌，充分尊重游客

服务人员文明礼貌的行为举止，热情周到的对客服务都体现了对游客的尊重。

（1）及时满足游客的要求

服务人员在服务操作过程中，要注意房门上的"请勿打扰"和"请即打扫"牌。未经游客允许不得擅自进入有"请勿打扰"牌的房间。对于放有"请即打扫"牌的房间要立即清扫。

（2）注意礼貌礼节，充分尊重游客

如游客在房间，应得到游客允许后才能进房，要礼貌地向游客问好，并讲明身份及说明进房原因，征询游客的意见。未经游客允许就进入房间会影响游客的生活，让游客没有安全感。如进房后发现游客在卫生间或在睡觉、正在更衣，应立即道歉、退出房间，并关好房门。

整理房间是每天例行的工作，服务人员在工作中必须严格遵守操作程序，在客房清扫整理过程中，对一切属于游客的物品服务人员只能稍加整理，不能随便挪动位置。更不能将游客的物品或游客使用过的物品如小卡片、机票等自作主张进行清理。只要是没有扔进垃圾袋中的物品，都要谨慎对待，不能随意倒掉或扔掉。

尊重有过失的游客即使游客在房间内由于过失将电视或其他电器弄坏或将床单被罩弄脏，仍然有得到尊重的权利。不能当众给游客难堪，应主动为游客提供一个"体面的台阶"，将"对"让给游客，这样不仅有助于问题的解决，也赢得了游客的尊重，同时维护了酒店的利益。

5．热情周到，提供超常服务

当所有酒店房间的配置都千篇一律时，就要求酒店在对客服务中突出感情的投入，才会赢得更多忠诚客户。热情周到要求服务人员在游客开口之前就做好服务工作，把游客当朋友，当亲人，想游客之所想，急游客之所急。超常服务就是超过常规服务的服务，关注游客喜好、注重细节，建立完善的"客史资料系统"，如为游客提供绣有其名字的专用巾，有的放矢地采用各种不同的服务方法，提高服务质量。

8.4　交通服务心理

案例 8-4

2012 年 8 月 1 日在京津塘高速下行 54 公里处，一辆由北京中国青年旅行社组织、载有德籍旅客的北京号牌中型旅行车，与前方一辆河南号牌的大型集装箱货车发生追尾事故，致使中巴车起火，造成包括 5 名德国人和 1 名中国人在内的 6 死 14 伤。德国游客来自德国南部的巴伐利亚州和巴登符腾堡州，他们飞抵北京首都机场后即乘坐中巴车前往天津，开始在中国的旅行，谁知不幸遭遇事故。

随着我国经济的发展和人们生活水平的提高，通过旅行社外出旅游的人越来越多，旅游

业得以迅速发展，旅游市场在不断扩大。但是在旅游过程中发生的交通事故也越来越多，由此造成游客伤亡事件屡见不鲜。交通事故直接威胁着游客的生命，因此旅游安全是游客在旅游过程中最为关注的问题。

旅游交通服务是为游客提供"行"的服务，是旅游活动的首要环节。游客无论是往返于常住地和目的地之间，还是在目的地内各景区之间的旅游活动，都必须借助良好的交通设施和工具，因此便捷的交通成为沟通游客和目的地的桥梁和纽带。

随着交通运输业的快速发展，旅游交通为游客提供了合理的交通线路、先进的交通工具、配套的服务设施、优质的旅游交通服务等良好的旅游交通条件。为了满足游客日益增长的需求，我们必须要充分考虑游客对旅游交通服务的心理需求以及如何根据这些需求做好服务工作，这样对发展旅游业具有十分重要的意义。

8.4.1 游客旅游交通中的一般心理

游客由于经济条件、旅游动机、旅游目的以及旅游目的地等众多因素的差异，对旅游交通服务的心理需求也有很大差异。但是，游客对旅游交通的基本心理需求主要有以下几个方面。

1. 安全的心理需求

安全是游客最关心的心理需求，任何人出去旅游都期望一路平安，不希望发生交通事故。安全是旅游活动的前提，可以说没有安全就没有旅游。只有保证游客在旅途中不发生任何交通意外事故，才能使游客享受旅游活动的乐趣。外出旅游是人生的一大乐事，每个人都希望能快快乐乐、平平安安地度过一段美好的旅游活动，旅途安全对游客来说是最重要的。

随着我国游客大规模集中出游，旅游安全保障压力也随之增大，各种旅游安全事故时有发生。然而旅游交通事故一直是我国旅游安全事故的主要类型，直接给游客造成一定的人身伤亡和财产损失。近年来，随着我国高速公路的快速发展，旅游交通安全事故接连发生，仅2012 年就发生多起旅游交通事故，例如：江苏常合高速公路"4·22"特大旅游交通事故，造成 14 人死亡，3 人重伤，17 人不同程度受伤；云南杭瑞高速公路特重大旅游交通事故，造成 8 死 23 伤；等等。因此，安全的、可靠的旅游交通服务才是游客旅游活动的前提。旅游企业和旅游从业人员时刻要记住"安全是旅游的生命线，没有安全就没有旅游"。

2. 时间的心理需求

随着人们的生活节奏加快，时间是非常宝贵的资源，在旅游过程中，每个游客都希望尽快到达目的地，争取把有限的时间更多用于游览活动，即"旅宜速、游宜缓"。

（1）快捷

在旅游活动中，"旅"是游客到达旅游目的地的条件，"游"才是真正的目的。游客都希望尽量缩短在交通工具上的时间，进而增加游览时间。游客出游总是尽可能选择快捷的交通方式，如游客能坐火车的，不坐汽车；坐火车能坐快车或高速列车，不会坐慢车；能乘飞机的，不坐火车。他们希望把有限的闲暇时间用于游览活动，不愿意把时间浪费在旅途中。尤其是长距离的旅行，旅途时间过长容易引起游客身体和心理的疲劳。因此，游客对旅游交通

服务有方便快捷的身体和心理需求。

（2）准时

在旅游活动中，旅游交通把旅途时间、游览时间、用餐时间、购物时间和休息时间等串联起来，前一站的误点和滞留都会影响下一站的活动，甚至会耽误航班、车次、食宿及游览活动。游客希望旅游交通服务能按计划准时进行，不要提前或推后，否则会浪费游客的时间并打乱整个旅游的行程安排，会让游客产生烦躁的心理，甚至感到不安、反感、恼怒，可能会影响到旅游活动的开展。因此，交通工具能在旅游活动各个环节准时到达、准时起程、准时返程，是游客对旅游交通服务的基本心理需求。

3. 舒适的心理需求

人们外出旅游是为了放松自己而得到精神的快乐享受，希望舒适和快乐要贯穿于旅游活动全过程，当然也包括对旅游交通舒适的需要。旅游交通服务不仅要为游客提供"行"的方便，而且也要为游客提供"行"的舒适和快乐。在物质方面，游客希望候车、候机、候船的场所环境幽雅、设备齐全；希望所乘坐的交通工具外部整洁美观，内部宽敞明亮、舒适平稳、清洁卫生，并配有空调、音响设备等，能够较好地缓解旅途中的疲劳，提高游客的兴致。在精神方面，游客希望得到乘务人员文明礼貌、热情周到的服务，使游客享受到方便、舒适和快乐，充分体验旅游活动的乐趣。

4. 经济的心理需求

游客无论经济收入的高低，出游选择交通工具时，都希望能花费最少的钱享受最便捷、最适宜、最经济的交通工具。大多数游客认为把钱花在交通上不如花在旅游景点门票、品尝特色食品或旅游商品购物等方面，因此游客希望在选择交通工具上要最经济、最适合的。

8.4.2　交通服务时的服务策略

1. 确保旅游交通安全

安全是游客的最根本心理需求，是旅游交通的生命线。游客在旅游过程中都不希望发生任何人身和财产的安全问题。旅游交通部门应采取一切有效措施防止交通安全事故的发生，确保游客的人身和财产安全。为了满足游客的安全需要，我们应采取以下服务策略：

（1）交通工具在运行过程中会受机械故障影响，有发生事故的可能性。机械故障的发生过程都是缓慢的，不是突发的，而事故的发生却是突发性的。因此，在旅行开始前，认真做好车辆日常维护工作，及时消除隐患，保证车况良好，避免交通事故的发生。

（2）近年来，随着各种车辆的日益增多，交通事故不断发生。驾驶员安全意识淡薄是造成交通事故多发的主要原因。有些驾驶员，因交通法制观念淡薄，安全意识差，忽视交通安全，导致事故时有发生。因此，旅游交通部门应该选择技术水平良好、经验丰富、责任心强的驾驶员，并对驾驶员进行安全方面的教育，以避免事故的发生。

（3）加强旅游安全宣传，增强游客的安全意识。旅游交通部门要充分利用报纸、电视、网络媒体等多渠道对游客进行交通安全的宣传和教育，增强游客自身交通安全的保护意识，发现有违规操作的情况能够及时制止，把事故率降到最低。

2. 实现旅游交通服务设施的现代化

为了满足游客求快捷、求准时、求舒服的心理，旅游交通部门应该逐步完善旅游交通的硬件环境，加快交通服务设施的现代化。

（1）完善旅游交通的硬件环境

为了满足游客的交通需求，设计旅游线路在选择交通线路方面，要充分考虑游客求安全保障的心理，尽量避免险峻陡峭、路况条件复杂的地方。同时也要尽量缩短里程，以免引起游客身体疲劳，满足游客求快的心理。路面状况的好坏直接影响到游客在旅途中的心理变化，旅游交通部门要不断提高道路的等级和质量，避免颠簸，满足游客求舒适、方便的心理。

（2）加快交通服务设施的现代化

我国随着交通运输的快速发展，尤其是航空客运逐渐普及，铁路提速、高速铁路的修建，公路和高速公路的发展，现代化的旅游交通服务不断地满足了游客对旅途中的心理需求。

游客从旅游常住地到旅游目的地的整个运输过程，往往是由多种运输方式共同完成的。旅游交通部门要对旅游交通进行合理规划和布局，组成各种运输方式互相结合的旅游交通网络，分工协作共同完成运送游客的任务。

交通工具随着交通技术的发展和突破，设备及性能得到了极大的提高，同时帮助游客更快、更舒适地走得更远。如近年来我国高速铁路得到了快速发展，将会对我国旅游业的发展起到越来越大的促进作用。高铁速度快，输送旅客量大，受天气影响小。高速列车车内布置非常豪华，座席宽敞舒适，运行非常平稳，减震、隔音技术让车内很安静。游客出游乘坐高速列车旅行几乎无不便之感，无异于愉快的享受。

技术先进、设备豪华的现代化大型高速交通工具的采用，良好的旅游交通服务满足了游客的快速安全、经济方便、舒适愉快的心理需求，从而促进旅游业的不断发展。

3. 优质的旅游交通服务

旅游交通服务不能仅限于提供交通工具，解决好"行"的问题，而是为满足游客在旅途中的心理需求，为他们提供优质的服务，使他们处处感到亲切舒适，充分领略旅游的乐趣。因此，旅游交通部门除了为游客提供良好的旅游交通条件，还要具有配套的服务设施和富有人情味的优质服务。首先司乘人员应以真诚的微笑、亲切的语言、优雅的举止，体现司乘人员的热情好客、和蔼可亲，让游客时时刻刻都感受到舒心和放心。司乘人员还要主动体察和揣摩游客的心理变化与情绪反应，从而察觉游客的需求，并及时提供体贴入微的服务，使游客充分体验被尊重的感受。

8.5 景区服务心理

案例 8-5

在东京迪斯尼乐园诸多工种中，与游客接触最多的园内清洁工是人们公认的明星。所以

东京迪斯尼对清洁员工非常重视，将更多的训练和教育大多集中在他们的身上。东京迪斯尼扫地的有些员工，他们是暑假打工的学生，虽然他们只扫两个月时间，但是培训他们扫地要花三天时间。

◆学扫地

第一天上午要培训如何扫地。扫地有三种扫把：一种是用来扒树叶的；一种是用来刮纸屑的；一种是用来掸灰尘的。这三种扫把的形状都不一样。怎样扫树叶，才不会让树叶飞起来？怎样刮纸屑，才能把纸屑刮得很好？怎样掸灰，才不会让灰尘飘起来？这些看似简单的动作却都要严格培训。而且扫地时还另有规定：开门时、关门时、中午吃饭时、距离游客 15 米以内等情况下都不能扫。这些规范都要认真培训，严格遵守。

◆学照相

第一天下午学照相。十几台世界最先进的数码相机摆在一起，各种不同的品牌，每台都要学，因为游客会叫员工帮忙照相，可能会带世界上最新的照相机，来这里度蜜月、旅行。

◆学包尿布

第二天上午学怎么给小孩子包尿布。孩子的妈妈可能会叫员工帮忙抱一下小孩，但如果员工不会抱小孩，动作不规范，不但不能给顾客帮忙，反而增添顾客的麻烦。员工不但要会抱小孩，还要会替小孩换尿布。给小孩换尿布时要注意方向和姿势，应该把手摆在底下，尿布折成十字形，最后在尿布上面别上别针，这些地方都要认真培训，严格规范。

◆学辨识方向

第二天下午学辨识方向。有人要上洗手间，"右前方，约 50 米，第三号景点东，那个红色的房子"；有人要喝可乐，"左前方，约 150 米，第七号景点东，那个灰色的房子"……顾客会问各种各样的问题，所以每一名员工要把整个迪斯尼的地图都熟记在脑子里，对迪斯尼的每一个方向和位置都要非常的明确。

案例分析：清洁工对园内设施了如指掌、礼貌亲切、精神抖擞、仪表干净整洁、工作勤恳认真且工作方式富有表现力。而这一切无疑为东京迪斯尼乐园平添了一道感人的风景线，顾客随之对迪斯尼优质的服务质量产生深刻的印象，顾客高度的满意度引来回头客。

东京迪斯尼乐园的成功靠的不仅仅是其带有浓厚神秘色彩的主题文化环境，即梦幻般的园内设计、家喻户晓的卡通人物、惊险纷呈的游乐内容、推陈出新的游乐设施等硬环境效果，更重要的是其充满亲情的、细致入微的人性化服务最终使游客得以在东京迪斯尼乐园尽享非日常性体验所带来的兴奋感受，并使这种感受成为传说，在赢得游客对其钟爱的同时，产生良好、广泛的口碑相传效果。

在旅游活动中的六个环节中，"游"是最重要的一个环节，游客主要目的就是游览。游客在游览过程中是否满意，不仅在于旅游景区给游客带来的身心愉悦，还在于旅游景区能否为游客提供了满意的服务。旅游景区要根据游客对景区服务的心理需求，为游客提供热情、周到、便捷和细致入微的服务。

8.5.1　游客景区游览时的一般心理

1. 热情的心理需求

游客到达旅游景区是为了愉悦身心，放松自己，所以在游览过程中游客希望得到景区工

作人员主动、热情友好的服务，让他们感受到虽在旅游目的地却有家一样的感觉，不再陌生。景区工作人员应有发自内心、真诚的服务态度，要主动了解游客的需求和心理，认真观察游客的需求变化。既要做到标准化、规范化的服务，又要让游客感受到超前的个性化服务，这样会让游客感到更大的心理满足。

2. 周到的心理需求

游客从进入景区开始一直到游览完毕过程中，每个环节都希望景区工作人员想得细致入微，做到无微不至，处处方便游客，千方百计帮助游客排忧解难。景区工作人员的规范化服务充其量不过是使游客不至扫兴而归，所能得到的也不过是游客无可无不可的评价或印象。只有用心地领悟游客的心境，并自然地体现自己内心感受的服务才能真正赢得游客的满意乃至感动。

3. 便捷的心理需求

游客进入旅游景区后，希望把更多的时间用于游览，那么就需要在游览过程中的其他环节得到便捷的服务。旅游景区应在硬件方面完善景区服务设施，为游客提供方便；在软件方面做好售检票服务、咨询服务、导游服务、停车服务、购物服务、投诉服务、医疗救援等，为游客提供便捷的服务。例如，"零换乘"直通云台山景区，以前发往云台山风景区的客运车辆都不能直达景区，有时候还需要辗转几次，去云台山旅游很不方便。2013年焦运集团投资3000万元建设了云台山旅游客运站，投入运营后不仅能满足长途车辆、社会车辆的始发和停靠，而且能为云台山景区旅游提供配套换乘服务。同时，可为广大游客提供集"吃、住、行、购、游"为一体的"零换乘"直通云台山景区观光的贴心服务。

4. 环境的心理需求

随着人们生活水平的提高，广大的游客对回归大自然、欣赏大自然美景、享受原野风光和自然地域文化的需求与日俱增。旅游景区必须营造出优美的环境，满足游客享受自然、享受美景的心理需求。游客进入景区首先感受到的是景区的环境卫生状况，并且环境卫生状况自始至终都影响着游客的整个游览过程。优美的风光、清洁的路面及干净且分布有序的各种设施、设备，服务人员的整洁仪表等，都能给游客舒适、美好的感受，同时能增加游览的兴趣，并留下美好的印象。

5. 安全的心理需求

游客外出旅游时最基本的要求是确保自身安全，只有在保证自身安全的前提下，才希望获得舒适、愉快的旅游体验。旅游景区存在的安全事故轻则对游客造成一定的心理暗示、心里恐慌，重则危及生命安全。2004年元宵夜北京密云灯展踩踏事件，由于观灯人数剧增，人员拥挤，现场管理秩序混乱等造成37人死亡的重大事故。2008年8月23日香港旅行团在菲律宾遭劫持，多名香港游客在劫持事件中死亡。这一系列的安全事故对旅游业的发展都有很大影响。因此，从旅游景区的安全角度来说，保障游客的旅游安全是满足游客的最基本需求。

讨论

在你曾经游览过的景区中，哪一个给你留下的印象最为深刻，哪方面的特点最突出？

8.5.2　景区服务时的服务策略

1.　热情周到的服务，塑造良好、文明的旅游服务形象

在旅游过程中，游客希望自始至终得到景区服务人员热情周到的服务。旅游景区服务人员是否能给游客留下深刻的印象，不仅要做到衣着整洁得体，精神饱满，态度诚恳，更重要的是能为游客提供热情周到的微笑服务。在旅游景区服务人员还应牢固树立时刻为游客排忧解难的服务意识，对于需要帮助的游客，应及时主动地施以援手，这样会给在困难中的游客以温暖的感觉，并留下亲切、热情的好印象。

2.　建立严格景区卫生制度，营造整洁干净的景区

和谐的游览环境和干净整洁的卫生面貌的景区，不仅能够给游客提供美的享受，而且也为游客游览过程提供健康的保障。旅游景区应建立严格景区卫生保洁制度，确保景区路面、水面、游览步道、栏杆等设施整洁干净，为游客创造干净整洁的景区环境。因此，一个良好的旅游风景区，必须是风景优美，环境未受破坏和污染，才能满足游客观赏和行动的心理活动环境。

3.　加大旅游服务设施的配套建设，为游客提供便捷的服务

目前，旅游城市间的竞争，不仅是优美的景区、景点，更重要的是在于景区、景点的配套服务设施和服务水平。随着旅游景区服务设施的配套设施的日益完善，游客正越来越多地享受着前所未有的快速、便捷的旅程。如在城市入口、路口、公交站点、各个景区景点设立醒目的旅游指示牌；优化公交线路，在各主要景区景点之间开通可以直达的公交车；在景区景点内外设立可供游客休息的长椅等设施；加强对各个景区景点停车场、卫生设施的管理等，不断提高旅游景区服务的硬件水平，同时为游客带来便捷的服务。

4.　完善景区安全保卫工作，保证景区游览秩序

确保游客的人身财产安全是旅游景区首要的工作，只有保障游客的安全，才能使游客实现旅游愿望。旅游景区应完善景区安全保障网络体系，保证良好的景区游览秩序。加强对旅游景区服务人员的安全防范教育，并采取有效措施，消除旅游安全隐患，杜绝各类旅游安全

事故的发生；要做好防火、步游道防滑、安全护栏加固、险要地段增派安全员等安全工作，完善安全提示；要采取灵活、有效的举措，尤其是在恶劣天气条件下要根据情况，适时封闭旅游景区，确保游客生命财产安全，等等。

8.6 购物服务心理

案例 8-6

创立于 1996 年的"迪拜购物节"，是所有阿拉伯乃至世界范围规模最大的购物盛会，是集购物、观光、会展和娱乐于一身的盛大节日。迪拜购物节多在每年年初举行，为期一个月。一线品牌，底线价格，让每个人都蠢蠢欲动！无论是摩登商场还是传统巴扎，都为配合购物节使出浑身解数——打折、促销、送礼、抽奖、明星走秀、演艺助兴轮番上阵。迪拜购物节每年吸引着来自世界各地上百万的游客。

案例分析：迪拜对进口商品几乎实行零关税的政策，使这里的东西往往比原产国还要便宜，再加上购物节期间疯狂的打折和促销，所有名牌会以令人难以置信的价格，让人心甘情愿地掏出腰包。除了价格之外，迪拜的各大商场也都有着世界顶级的购物环境——超大的购物空间、齐全的配套设施，再加上各具特色的外观造型和细致入微的精美设计，使得这些商场往往本身就成为一道亮丽的风景线。在商场之外的地方，传统巴扎、大小集市也会在购物节期间推出让人眼花缭乱的优惠活动。迪拜最负盛名的黄金市场、香料市场等都会有大范围的促销。据统计，在过去 15 届圆满落幕的购物节中，全球共有 4000 万游客到迪拜购物，购物总额达到 230 亿美元。

旅游购物不仅为游客提供丰富的旅游购物商品，满足游客的购物体验需求，还加深了对旅游目的地国家和地区的历史文化、民族传统的了解，并已成为某些旅游目的地最具吸引力的内容之一。

随着人们生活水平的提高，旅游购物成为旅游活动越来越重要的组成部分。在旅游过程中，游客买到称心如意的旅游商品，不仅能满足游客的购物需求，还能使游客更加愉悦和快乐。游客在旅游活动中的购物不同于普通商品的购物，游客的心理需求与一般购物者心理需求有很大的不同。

8.6.1 游客购物时的一般心理

1. 求纪念的心理需要

游客到异国他乡旅游过程中，往往对旅游地具有地方特色、民族特色及纪念价值的旅游商品有着浓厚的兴趣。游客购买这些旅游商品后，留待日后会让游客回忆这次美好的旅游经历；或馈赠亲友后，作为曾到过某旅游地旅游的凭证，体现自己的旅游经历，赢得人们的羡慕和尊重。

讨论

各位同学说说看，自己购买过哪些旅游纪念品，原因是什么。

2. 求馈赠的心理需要

游客外出旅游过程中，希望能给亲人、朋友、同事购买他们喜欢的旅游商品。外出旅游归来之后馈赠给亲朋好友，表达对亲朋好友的感情和礼貌，以此增进彼此之间的情意，甚至还能满足一些人的炫耀心理，可以提高自己的声望。

3. 求新奇的心理需要

游客到异国他乡旅游时，由于旅游地与常住地的生活习惯和风土民情不同，在旅游地看到平时在常住地看不到的商品时，就会感觉到新奇，从而激发游客购物欲望。旅游商品一般具有浓厚的地方特色和民族特色，对游客有着巨大的吸引力，从而满足游客追新猎奇的心理需求。

4. 求实用的心理需要

游客旅游过程中虽然对具有地方特色和民族特色的商品产生浓厚的兴趣，但是购买过程中更注重商品的实用性，要求商品物有所值或物超所值。游客购物时会仔细挑选，精打细算，不易受外形、包装、广告宣传的影响，注重商品的实用性和质量，在旅游地买到"价廉物美"的实用商品，可满足游客购物的心理需要。

5. 求放心的心理需要

游客在旅游地希望买到称心如意的商品，但是有些商家考虑到旅游购物的购买是一次性购买，不惜出售成本低、价格高、利润高的假冒伪劣商品，或是高价出售商品，甚至比客源地还高，让游客感觉到上当受骗，直接影响游客的心情。因此，游客购物时，希望到舒适、安全、放心的购物环境，买到货真价实、物有所值的旅游商品；购买贵重商品时商场应开具发票，让游客放心购买。

8.6.2　购物服务时的服务策略

为了满足游客购物的需求，旅游购物商场不仅要提供特色突出、品种丰富、包装精美、质优价廉的旅游商品，还要根据游客购物过程中的心理需求，积极采取切实有效的服务策略，为游客提供优质、高效的旅游购物服务，使游客高兴而来、满意而归。

1. 精心设计，营造良好的购物氛围

如今的游客在旅游购物时越来越重视购物环境的现代化、特色化、人性化，良好的购物环境不仅能够带给游客良好的购物体验，而且直接或间接地影响游客产生购买行为。因此，旅游购物商场要精心设计，营造宽敞明亮、色彩柔和、环境优雅、整洁美观的购物氛围，给游客带来美的享受的同时，让游客感到舒适，激发游客对旅游商品的兴趣，便会产生购买欲望。

2. 热情周到的服务，激发购买兴趣

游客到旅游商场购买商品时，旅游购物服务人员的服务态度对游客是否购买商品会起到重要的作用。作为旅游购物服务人员要为游客提供主动热情、耐心周到的服务，激发游客购买动机，让游客买到称心如意的商品。服务人员要以饱满的精神、真诚的微笑迎接游客，给游客一种亲切感；服务人员要用礼貌、诚恳的语言，取得游客的信任，会使游客感到亲切、愉快；游客挑选商品时，要用准确、明快的语言介绍商品；游客提出问题和展示商品时，要百问不厌，百挑不烦，不要计较游客买与不买、买多与买少，一视同仁地热情接待，对游客提出的问题要耐心解答。此外，还要做到处处为游客着想，为游客提供方便，维护游客权益。

3. 敏锐观察游客，抓住销售时机

游客在旅游商场浏览商品时，服务人员要端庄站立，表情自然，目光不断地注视游客关心的商品，使游客感觉到你随时都会为他提供服务。服务人员不要过早打招呼，要让游客有充足的时间轻松地挑选。游客在挑选商品时，服务人员要善于观察游客的举止神态，判断游客的心理需求，抓住恰当的时机为游客介绍商品。当游客对商品产生兴趣和好感时，是接触游客的最佳时机，服务人员热情上前为游客介绍商品，诱发游客的购买行为，让游客买到称心如意的商品。

4. 诚信经营，提供个性化服务

游客在旅游购物时最怕挨宰、被骗，退换货物不方便等。尤其是购买贵重物品时，游客会因为这些心理顾虑而不敢购买旅游商品。因此，只有旅游商场诚信经营，货真价实，规范销售服务，游客才能放心购物。

服务人员为游客提供购物服务除了规范化的服务外，还要考虑到由于游客的性格不同、阶层不同、性格不同、文化背景不同，他们的购物心理也不尽相同，服务人员必须了解游客的购物心理，有针对性地为游客提供个性化的商品销售服务。

8.7 娱乐活动服务心理

案例8-7

美国的娱乐项目非常多，较高雅的娱乐有听音乐会、逛博物馆、看歌剧表演，美国有举

世闻名的大都会艺术博物馆和大都会歌剧院。较热门的娱乐有去拉斯维加斯赌钱和观看歌舞表演，或者观看各类篮球赛、棒球赛、橄榄球赛等，尤其是高水平的 NBA 比赛，游客如果正好赶上有比赛，一定要去现场体会一下热烈的气氛。至于一般的酒吧、夜总会、咖啡馆，每个城市中都会有很多，游客可以根据自己的喜好选择合适的娱乐场所。

在夏威夷，主要的娱乐活动是观看波利尼西亚舞剧、欣赏酒吧音乐。最好的娱乐方式是去怀基基贝壳音乐厅听免费的音乐会。每年 5 月 1 日卡基麦罗兄弟乐队都会在这里为挤在草地上的人群演奏，还有什么比沐浴在夏威夷温暖的海风中欣赏美妙的乐曲更加惬意的事情呢？夏威夷艺术委员会每月还出版一份文化活动指南，供游客查询。

纽约是世界上无与伦比的娱乐城市。芭蕾、古典音乐、歌剧、大型音乐会、爵士音乐、摇摆舞；戏剧、电影、卡巴莱歌剧表演、迪斯科、钢琴演奏——应有尽有，生动活泼，扣人心弦。尤其值得指出的是，这一切都是世界一流水平的。

拉斯维加斯是国际大都会，赌场 24 小时开放。如果不赌博，可以观赏娱乐秀、歌舞秀。如果有拉斯维加斯大牌明星的表演，则机会更不容错过！拉斯维加斯一些游乐场和主题度假旅馆也为游客提供了迷你又刺激的度假经验，让人无须踏入吃角子老虎机场或赌桌旁也可以在拉斯维加斯流连忘返。拉斯维加斯已经蜕变为适合全家老小度假的娱乐中心，无论任何年纪的人在此都能尽情享受全世界最好的娱乐活动。

随着经济的发展、居民生活水平的提高，娱乐休闲旅游的人们不断增多。游客在旅游娱乐中享受欢乐，在获得精神愉悦中解除疲劳、身体放松。

8.7.1　游客娱乐活动时的一般心理

随着人们收入水平的提高，寻求精神享受的人将越来越多，休闲娱乐为旅游活动六要素中必不可少的组成部分。为了满足游客日益增长的需求，旅游娱乐活动的内容在不断丰富，游客对不同类型的旅游娱乐活动也有着不同的心理需求。

1. 求安全的心理

旅游娱乐越来越受到游客的欢迎，旅游娱乐场所往往是游客比较多的地方，可能会出现拥挤的现象，人身安全是游客最关心的心理需求。勇敢的游客会参与像美国大峡谷的"死亡电单车"、加拿大公园的"云霄飞车"、西班牙的"观音坐莲"、美国公园的"人肉螺旋桨"、意大利的 Ponte Colossus 桥蹦极等惊险刺激的娱乐活动，此时保障游客的安全是旅游娱乐部门的首要任务。

2. 求体验的心理

随着游客的消费需求不断成熟，游客越来越期望与近距离、多方式的旅游吸引物进行亲密的接触。游客希望参与旅游目的地独特的节庆活动、亲手制作工艺品、参加体育健身娱乐项目、体验惊险刺激的娱乐项目等，通过直接参与这些旅游娱乐项目，从视觉、触觉、味觉等多方面来体验旅游娱乐的快乐，让游客最大限度地感到旅游娱乐的自由愉悦心态。

3. 求快乐的心理

随着社会的发展，人们的旅游需求日益多样化，除了基本的需求外还有更高层次的心理需求，特别是娱乐的心理需求。旅游娱乐活动的开展，极大地激发游客的兴趣，满足游客的更高层次的娱乐需求，使得整个旅游活动更加丰富，形式更加多样。绚丽多姿的娱乐项目，让游客每时每刻都沉浸在激动人心的游乐中。

4. 求知的心理

有些旅游娱乐活动会选择在一个国家或地区标志性、象征性的建筑或者历史文化保护遗迹，举办思想性、艺术性、时代性、观赏性的精神文化性的旅游活动。比如，在北京国家大剧院游客不仅能欣赏到歌剧、芭蕾、交响乐、民乐、独唱、话剧、戏曲、大型歌舞表演等多种表演艺术形式，还能参观中国非物质文化遗产保护成果展、中国京剧艺术大展、歌剧艺术主题展、古希腊戏剧展等各种艺术展览，这些精彩的展览让前来参观的游客感受到了浓厚的艺术氛围。

8.7.2 娱乐活动时的服务策略

1. 给予专业的指导，确保游客安全

在旅游旺季娱乐场所往往人都是很多，旅游娱乐部门要保证有专人负责疏导，维持排队的秩序，必要时限制游客流量，防止发生游客拥挤、踩踏事故。游客参与娱乐活动前，服务人员应对游客进行安全知识讲解和安全事项说明，专业指导游客正确使用游乐设施。对一些游乐活动项目对游客有健康条件要求，或不适合某种疾病患者参与的，服务人员要提醒游客适情参与该项活动。在游乐过程中，应密切注视游客安全状态，适时提醒游客注意安全，及时纠正游客不符合安全要求的行为举止。

2. 热情周到的服务，营造欢乐的氛围

游客参与旅游娱乐活动希望感受到的是充满快乐的旅程，欢乐氛围需要娱乐活动的服务人员与游客一起创造。服务人员通过在微笑、眼神交流、令人愉悦的行为、与游客接触的每一细节上，为游客所提供的服务超过游客的期望值，为旅游营造欢乐的氛围。如东京迪斯尼乐园以不断增加游乐场所、园区活动等手段来吸引更多的游客和回头客。除此之外，东京迪斯尼乐园的服务态度和服务水平一直受到人们的推崇，在园区工作人员细致入微的服务下，许多人得到了日常生活中所无法得到的亲切感受，从而使迪斯尼乐园真正成为创造奇迹和梦幻的乐园。

3. 激发游客的兴趣，尽情享受快乐

娱乐活动重在参与，只有让游客们参与到活动中才能够达到效果，服务人员就需要想办法激发游客对活动产生兴趣，让游客尽情享受旅游娱乐的快乐。如在迪斯尼乐园中，为了激发游客兴趣，参与到娱乐活动中，营造欢乐氛围，游客们在迪斯尼乐园可以同艺术家同台舞

蹈，参与电影配音、制作小型电视片，通过计算机影像合成成为动画片中的主角，亲身参与升空、跳楼、攀登绝壁等各种绝技的拍摄制作过程等。此外，任何时候，迪斯尼乐园中都有8%～20%的设施正在更新或调整，以期给予游客新的刺激和欢乐。

课后练习

一、填空题

1. 为了让游客得到满意的服务，导游要针对游客的_____，在_____的条件下提供意想不到的服务。

2. 餐厅服务员在工作中要做到：_____轻、说话轻、_____轻。

3. "_____"是游客在入住旅游饭店时最基本的需求。_____也是游客对旅游饭店的基本需求。

4. 在酒店前厅，一名接待员要在_____之内为游客办理完入住手续，问讯员提供访客查询服务不超过_____，话务员转接电话遇有占线或无人接听时，请游客等候时间每次不超过_____。

5. 酒店客房的主要功能是_____。客房服务质量评价的基本标准是_____、_____、卫生。

二、简答题

1. 简述旅游活动时的一般心理，在对其服务时的服务策略。

2. 简述游客餐饮活动时的一般心理，在对其服务时的服务策略。

3. 简述游客住宿时的一般心理，住宿服务时的服务策略。

4. 简述游客旅游交通中的一般心理，交通服务时的服务策略。

5. 简述游客景区游览时的一般心理，景区服务时的服务策略。

6. 简述游客购物时的一般心理，购物服务时的服务策略。

7. 简述游客娱乐活动时的一般心理，娱乐活动时的服务策略。

三、案例分析题

地陪导游小王带领游客在某景区内游玩。突然，李太太神色慌张地找到小王，原来李先生不见了。因为李先生70多岁了，所以小王也非常焦急。小王当即从游客中挑选了两位先生与他和全陪一共四人分头去找，剩下的游客只有在原地等待。快到景区关门时间了，四个人才匆忙从不同方向赶回来。小王也很诚恳地向原地等待的游客道歉，但是游客还是怨声一片。

请从服务心理的角度分析，为什么游客不愿原谅小王？

第 *9* 章

旅游服务沟通

知识要点

❖ 初步学会旅游服务沟通的方法。
❖ 了解旅游服务沟通中的内在和外在障碍。
❖ 学会处理客人投诉的基本方法。
❖ 了解投诉处理程序及注意事项。

课堂训练

沟通小测试

以下这些问题看似小事，却有可能决定别人对你的看法和态度。想测一下你的沟通能力吗?那就开始吧!

1. 你跟新同学打成一片一般需要多少天?

  A. 一天　　　　　　B. 一个星期　　　　　　C. 十天甚至更久

2. 当你发言时有些人起哄或者干扰，你会:

  A. 礼貌地要求他们不要这样做。

  B. 置之不理。　　　C. 气愤地走下台。

3. 上课时家里有人来找你，恰好你坐后排，你会:

  A. 悄悄地暗示老师，得到允许后从后门出去。

  B. 假装不知道，但心里很焦急，老走神。

  C. 偷偷从后门溜出去。

4. 放学了，你有急事要快点走，而值日的同学想让你帮忙打扫教室，你会:

  A. 很抱歉地说:"对不起，我有急事，下次一定帮你。"

  B. 看也不看地说:"不行，我有急事呢!"

  C. 装听不见，跑出教室。

5. 开学不久你就被同学选为班长，你会:

  A. 感谢同学们的信任和支持，并表示一定把工作做好。

  B. 觉得没什么大不了的。只是要求自己默默地把工作做好。

  C. 觉得别人选自己是别有用心，一个劲儿地推托。

6. 有同学跟你说:"我告诉你件事儿，你可不要跟别人说哦……"这时你会说:

  A. "哦!谢谢你对我的信任。我不是知道这件事的第二个人吧?"

  B. "你都能告诉我了，我怎能不告诉别人呢?"

  C. "那你就别说好了。"

7. 老师布置你和另一位同学一起完成一项任务，而这位同学恰恰和你不怎么友好，你会:

  A. 大方地跟他（她）握手:"今后我们可是同一条船上的人哦!"

  B. 勉强接受，但工作中决不配合。

  C. 坚决向老师抗议，宁可不做。

8. 你和别人为一个问题争论，眼看就要闹僵了，这时你:

  A. 立即说:"好了好了，我们大家都要静一静，也许是你们错了，当然，也有可能是我的错。"

  B. 坚持下去，不赢不休。

  C. 愤然退场，不欢而散。

计分方法:选 A 计 3 分，选 B 计 2 分，选 C 计 1 分。

8～12 分

表明你的沟通能力较低。由于你对沟通能力的重视不够，而且也没有足够的自信心，导致在你成长的道路上，一些机遇常常与你擦肩而过。你应该以轻松、热情的面貌与同学进行交流，把自己看作集体中的一员。同时，对别的同学也不可存在任何偏见。经常与人交流，取长补短，改变自己拘谨封闭的状态。记住：沟通能力是成功的保证和进步的阶梯。

13～19 分

表示你的沟通能力较强，在大多数集体活动中表现出色，只是有时尚缺乏自信心。你还需加强学习与锻炼。

20～24 分

表明你的沟通技能很好。无论你是学生干部还是普通学生，你都表现得非常好，在各种社交场合都表现得大方得体。你待人真诚友善，不狂妄虚伪。在原则问题上，你既能善于坚持并推销自己的主张，同时还能争取和团结各种力量。你自信心强，同学们都信任你，你可以使你领导的班级充满着团结和谐的气氛。

通过这个小测试我们可以看出自己的沟通能力。旅游服务人员在旅行社与旅行社、旅行社与游客的商业交往中发挥着非常重要的作用。他（她）既是本旅行社的代表，又是各项旅游单项活动的具体办理者。因此，必须在自己的工作中灵活运用沟通技巧，通过点点滴滴的积累，提高自己的修养和素质。毕竟，旅游服务人员直接代表着企业的形象。

旅游服务人员是直接面对游客的，服务人员技能在某种程度上直接决定了游客的旅游状态，因此全面提高旅游基层服务人员旅游服务质量迫在眉睫，所有从业人员应该苦练内功，增强自身服务意识，提高服务技能。

9.1 旅游服务沟通的特点与方法

案例 9-1

"当当当，当当当"，服务员小刘小心地敲着 1603 房的门。

小刘刚想敲第三次的"当当当"，手指关节刚落到门上，门却突然打开了。一张充满怒气的脸出现在眼前。"没看到请勿打扰的灯亮着吗？敲什么门呀？我刚躺下一会儿就被你吵醒。真是的！"小刘连忙看了一下手表说："先生，对不起，现在已经是下午 2 点 40 分，按规定长时间亮着请勿打扰灯的房间，我们是要敲门的，以防止客人发生意外。如果你不需要整理房间，那我就不整理了。对不起，打扰了。"

"你说什么？怕我出意外？我中午刚刚睡下，休息一会儿就会出意外？你胡说什么呀？！"客人怒气更盛，声音也更大了。

"你的房间上午不是就亮着请勿打扰的灯吗？1603，没错，我的卫生整理报告表上明明做着记号表明上午还亮着请勿打扰的灯呀。"小刘还在申辩着。

"上午我没睡觉，你不来做卫生。下午刚睡下，你就来敲门。真是的！算了，没时间跟你啰唆。"说完门"砰"的一声重重地关上了。小刘一下子呆住了，眼睛还直愣愣地望着门，似乎那张愤怒的脸还印在门上。

这时恰巧领班走了过来，问怎么回事。小刘说完刚才发生的事，委屈得两行热泪流了下来……

案例分析：按规定从昨晚或上午亮着请勿打扰的灯而下午依然亮着的，服务员是应当要引起警惕的。按理说小刘敲门是没有错的，她的服务工作是比较规范的。但是在旅游服务过程中我们只有在规范化的基础上，逐渐开发和提供个性化服务，才能给客人以惊喜，才能让客人感觉到"宾至如归"，才能使客人"流连忘返"。而小刘之所以未能提供个性化服务，归根结底是对客服务沟通方法存在问题。

可见，要做好旅游服务工作，光凭一颗责任心是远远不够的。我们还应掌握基本的旅游服务沟通的方法，设法规避旅游服务沟通中的内外在障碍，提升自身的服务意识、服务技能、语言技巧。

9.1.1　旅游服务沟通的特点

1. 沟通的内涵

（1）沟通是指双方通过一定的信息交流而达到相互了解的过程。沟通是人们分享信息、思想和情感的过程。这种过程不仅涉及口头语言和书面语言，也涉及体态语言、个人习惯和环境。

（2）沟通是一种相互作用。

第一，进行沟通的人连续地、同步地发出信息。

第二，沟通过程受"过去、现在和将来"的影响。

第三，沟通的参与者扮演相应的角色。

2. 旅游服务沟通的特点

旅游服务是彼此之间相互作用的过程，因此作为一名旅游工作者需要熟悉主客之间的角色关系、人际关系。客我交往指旅游工作者与客人之间为了沟通思想、表达意愿、解决旅游活动中的问题而相互影响的过程。其具备以下特征：

（1）短暂性

一般在我国，一名旅游者在目的地的逗留时间相对紧张，并且大部分时间在观光游览或办理事务，因而客我之间相互熟悉、了解的机会也随之减少。

（2）公务性

在一般情况下，服务员与客人的接触只限于客人需要服务时的公务场合。客我之间的接触只限于公务而不涉及个人关系，因而对客人的了解是相对片面的。

（3）不对等性

客我之间的接触通常是一种不对等的过程。因为，在接触过程中是由客人对服务员提出要求，一般不存在相反过程的可能。

（4）个体与群体的兼顾性

在旅游服务中，旅游服务人员一般所接待的是一些个性心理、消费动机和消费行为均存在差异的个体。然而，在旅游服务中，也有一些同一社会阶层、同一文化、相同或相似职业的人所组成的团队游客，他们在旅游消费过程中便出现从众、模仿、暗示、对比等群体消费特征。因此，旅游服务人员在客我交往中必须注意个体与群体的兼顾。

9.1.2　旅游服务沟通的方式

在旅游服务中，旅游服务人员与游客之间经常进行各种各样的信息交流。这种沟通方式主要有两种：言语沟通与非言语沟通。

1. 言语沟通

言语是人运用语言进行思考，并用以表达思想和交流信息，影响他人的过程。

课 外 知 识 一 点 通

希尔顿饭店的每间客房里都有一张《致顾客》的卡片，上面写道：

"希尔顿饭店是为客人服务的有感情的人的组织，而不是赚钱的机器。希望这儿成为您的第二个家，希望那些您爱的人梦里或头脑中和您在一起，也许我们不能相识，但希望您像在家里一样舒适、愉快。也许是工作把您带到这里，希望您在每一个驿站都生活得充实、快乐，有益于社会并与那些深爱您的人一同分享。"

讨论

为什么希尔顿饭店的这张卡片能够赢得顾客的心？

（1）言语沟通的原则

旅游服务人员在与游客进行言语沟通时要遵守以下几个原则：

① 选择准确表达思想内容的语句

选用合适的语句，准确、恰当地表达自己的思想是与游客进行顺利交往的首要一环。"言不在多，达意则灵"，交谈时要慎重地斟酌措辞，不要造成歧义，使客人误解。

② 言语交往要适合特定的交往环境

言语交往都是在特定的交往环境中进行的，一般包括谈话的对象、时间、地点、场合、情绪等。比如，在旅游餐饮服务中，与外国游客讲话，就要讲究分寸，不卑不亢；与年长的

人讲话，要用尊重的口气；与年轻人讲话，就要真诚、亲切。

（2）旅游服务沟通中语言表达技巧

旅游服务中语言表达要注意以下几个方面：

① 旅游服务用语

由于服务工作的特殊性，要求服务人员在服务中正确使用礼貌用语。常用的有："对不起"、"别客气"、"谢谢"、"您好"、"再见"、"欢迎再来"等。

② 声调的使用

说话声调能直接影响服务交往的效果。一个人的态度是友好还是充满敌意，是冷静还是激动，是诚恳还是虚假，都可以从他的声调节奏、停顿等表现出来。从对方声调高低、音量大小、抑扬顿挫及转折、停顿中领会其"言外之意"，而这也称为辅助语言。

这些表达技巧语言起到"补充"和协助作用。若在人际交往中，正确使用辅助语言，能达到有效的沟通效果。比如，酒店服务人员运用的正确声调应当是响亮而有朝气，以表示一种喜悦的心情。

（3）旅游服务人员在服务中要把握说话的技巧

请比较下面这两种不同的说法：

第一种说法：对不起，您的房间还没有收拾好。

第二种说法：请稍等，您的房间马上就收拾好。

"马上就收拾好"实际上也就是"还没有收拾好"，但这种说法显然要比直说"还没有收拾好"要好得多，有时候为了不让客人太失望，需要反话正说。

一位导游人员在讲游长城的注意事项时说："长城地势险要，要防止摔倒。希望不要在城墙上做奔跑式的跳跃运动。另外，也不是头也不回一股脑地往前走，一直走下去可就是丝绸之路了。有人走了两年才走到头，特别辛苦。"客人们听了都哈哈大笑起来。如果这位导游板着脸，严肃认真地宣布相关要求，游客很难听从。幽默在某种程度上讲是一种力量。当幽默的语言技巧运用适当时，它就能给人以知识、信心和启发，使人乐观向上。

2. 非言语沟通

非言语沟通是人们通过使用不同于言语的方式来沟通感情、交流信息的过程，通常包括身体动作、面部表情、穿着打扮、交往距离等内容，一般称作身体语言。

美国社会心理学家艾伯特·梅拉比认为：信息的全部表达=55%表情+38%声音+7%言语。这个公式表明人际交往中的信息沟通，非语言行为常常承担语言行为所不能担任的任务，甚至可以代替语言。

在旅游服务人员对客服务中身体语言的内容主要包括以下几个方面：

（1）面部表情

面部表情是人们思想感情的流露，面部的眼睛、眉毛、鼻子、嘴和脸颊肌肉，都是传达感情的工具。

① 眼睛

在餐饮服务中，欲达到最佳的客我交际效果，服务人员就要学会巧妙地使用目光。比如，要给客人一种稳重感，你就应送出平静而诚挚的目光；要给客人一种幽默感，你就应闪现一

种俏皮而亲切的眼光；要给客人一种亲切感，你就应让眼睛闪现热情而诚恳的光芒。

② 微笑

微笑是一种世界语言。旅游服务离不开微笑，微笑赋予服务以生命力。美国著名的希尔顿饭店集团董事长康纳·希尔顿说："如果缺少服务员的美好微笑，好比春日的花园里失去了阳光和春风。假如我是顾客，我宁愿走进那虽然只有残旧的地毯，却处处见到微笑的旅馆，而不愿走进拥有一流的设备而见不到微笑的饭店。"

（2）身姿动作

人的动作与姿势（手势、头势、坐姿、站姿、走姿）是人的思想感情和文化修养的外在体现，也反映着对他人的态度。

（3）情绪状态

当旅游服务者和客人在一起时，他的情绪会向周围扩散，会使周围的人受到感染。如果服务者的情绪状态很不好，必然会影响客人的旅游感受。所以，旅游服务者必须注意调整好情绪状态。心理学家用"七色情绪谱"来表示人的不同情绪状态：

"红色"情绪——非常兴奋；"橙色"情绪——快乐；"黄色"情绪——明快、愉快；"绿色"情绪——安静、沉着；"蓝色"情绪——忧郁、悲伤；"紫色"情绪——焦虑、不满；"黑色"情绪——沮丧、颓废。

旅游服务人员在为游客服务时，一般应以"黄色"情绪作为自己情绪状态的基调。这样才能给客人精神饱满、工作熟练、态度和善的好印象。服务过程中，即使情绪变化，幅度也不能太大，向上不能超过"橙色"，向下不能超过绿色。作为旅游行业服务人员，只要塑造出良好的文化人格，扮演好"提供服务者"的角色，就能以双重优质服务赢得客人满意。

（4）空间距离

人与人之间存在着一条看不见但实际存在的界限，这就是个人领域的意识，每个人都需要有属于自己的一定空间，并维护它，使之不受侵犯。在个体空间内，人会产生安全感、舒适感和自由感。

课外知识一点通

人际交往的空间距离

就一般而言，交往双方的人际关系以及所处情境决定着相互间自我空间的范围。

美国人类学家爱德华·霍尔博士划分了四种区域或距离，各种距离都与对方的关系相称。

（1）亲密距离

这是人际交往中的最小间隔或几无间隔，即我们常说的"亲密无间"。其远范围在15～44厘米之间，身体上的接触可能表现为挽臂执手，或促膝谈心，仍体现出亲密友好的人际关系。

（2）个人距离

这是人际间隔上稍有分寸感的距离，已较少有直接的身体接触。其近范围在44～76厘米之间，正好能相互亲切握手，友好交谈，陌生人进入这个距离会构成对别人的侵犯。

其远范围在 76~122 厘米之间，任何朋友和熟人都可以自由地进入这个空间。人际交往中，亲密距离与个人距离通常都是在非正式社交情境中使用，在正式社交场合则使用社交距离。

（3）社交距离

这一距离已超出了亲密或熟人的人际关系，而是体现出一种社交性或礼节上的较正式关系。其近范围在 1.2~2.1 米之间，一般在工作环境和社交聚会上，人们都保持这种程度的距离。其远范围在 2.1~3.7 米之间，表现为一种更加正式的交往关系。

（4）公众距离

这是公开演说时演说者与听众所保持的距离。其近范围在 3.7~7.6 米之间，远范围在 7.6 米之外。这个空间的交往，大多是当众演讲之类，当演讲者试图与一个特定的听众谈话时，他必须走下讲台，使两个人的距离缩短为个人距离或社交距离，才能够实现有效沟通。

人际交往的空间距离不是固定不变的，它具有一定的伸缩性，这依赖于具体情境、交谈双方的关系、社会地位、文化背景、性格特征、心境等因素。

9.2　旅游服务沟通中存在的障碍

讨论

每组选一名学生代表本组参与。学生代表站在白板后面，看不到其他学生，将老师给他的一张图用自己的语言描述给其他学生。过程中其他学生和其代表均不得提问。以所描述的图画正确的人数多者为获胜组。讨论哪些因素会导致团队失败？

以上活动其实是学生之间的一次单向的沟通。通过这一活动，可以理解在沟通过程中有哪些因素会造成内容方面的沟通障碍。那么，造成旅游服务沟通中的障碍又有哪些呢？

9.2.1　旅游服务沟通中的内在障碍

1．心理障碍

心理障碍主要有认知障碍、情绪障碍、个性障碍和态度障碍。

A．认知障碍：认知是指人脑接收外界信息，经过加工处理，转换成内在的心理活动，从而获取知识或应用知识的过程。例如，记忆、语言、视空间、执行、计算和理解判断等都属于认知范畴。而旅游服务认知障碍主要体现在对于景点、旅游企业、旅游产品宣传方面的认知障碍。

B．情绪障碍：旅游服务沟通中的情绪障碍，主要指旅游服务人员消极心理状态，这种状态会给客我沟通造成障碍。

C. 个性障碍：旅游服务人员与客人的个性特征也直接决定了服务沟通质量和效率。比如在表 9-1 中，我们可以看出针对不同个性的游客，应该采用的不同策略。

课 外 知 识 一 点 通

针对不同个性游客的促成交易技巧，如表 9-1 所示。

表 9-1　不同类型游客的特征及应对策略

游客类型	表现特征	应对策略
挑剔型	一直试图寻找产品的缺陷，总是不同意报价	对于旅游产品中被指出的缺陷不予以反驳，对正确指责表示适当的肯定；在价格上以旅游产品的独特价值和服务质量来表明物有所值
犹豫型	他可能对你的产品或服务都满意，可说到价格时就犹豫不决了，也可能并不是因为价格的问题	一定要了解旅游者真实的动机；对拿不定主意的消费者，帮助其选择旅游产品，甚至帮助游客做出购买决策；把握最后的交易机会和物质奖励刺激
分析型	这类游客在购买旅游产品时喜欢数据、事实和详细的解说，在做出决定时富有条理性，不慌不忙	通过自己的专业知识，向游客介绍更多的旅游线路的信息，帮助其更详细了解旅游产品
精明型	在旅游产品说明的过程中，他会显示出对旅游活动或服务内容的深度认识，具有价格谈判的能力	首先应具备大量的专业知识解释游客提出的专业问题，对游客的博学要巧妙地恭维，对他的判断和讨价能力给予赞赏
条理型	这类游客做事缓慢，对你提出的每一句话都在权衡	放缓讲话的速度，说明旅游产品的步伐和游客保持一致，尽量顺着游客的分析，从线路细节中扩展，找出其对此项旅游产品最在意的问题
感情型	这类游客对个人感情看得极重，依照自身的感受来决定是否认可产品	热情主动与他沟通，他就会撤去伪装；要给他表现机会和做出暗示，和这类游客逐渐熟识，以自己的人格魅力吸引游客
果断型	这类游客很自信，知道自己要购买什么样的产品	这类游客不需要门市人员太长的线路解说，对必要的细节进行说明，严格忠于产品事实
冲动型	这类游客很容易做出购买决策	门市服务员可以直接进入购买程序，不要绕圈子；可以直接推荐旅游产品，但不要告诉他应该怎么做
影响型	热情洋溢，富有魅力。他们非常乐观，有说服力，有鼓舞性，对人非常信任，与人谈话总是带有微笑	门市服务人员的言语要显示出友好、热情，让人感觉精力充沛、有说服力；介绍旅游产品时关注游客的兴趣，给游客留出充分的交谈时间
狂妄自大型	看不起他人，总希望获得别人格外的注意和尊重	首先让他自吹自擂，然后抓住机会展开有效沟通，在关键时刻借势发挥专业知识的优势，让他"顺着竹竿儿往上爬"，在他的虚荣心得到满足时，你的销售就成功了
依赖型	这类游客在做出购买决定时需要有别人的帮助，他的行为常会受到其他人舆论的影响	门市服务人员的态度要充满自信，给游客强有力的正面暗示；切实根据游客需求推荐旅游产品，并充分说明，将别人的好评给他看
自我为中心型	这类游客具有优越感，认为自己什么都懂，不愿意听别人的意见；自负，不容他人的反对；做出购买决策时比较急躁	这类游客是最好确认需求的，只要能让他畅所欲言，就能了解游客购买动机，提供适合的旅游产品，耐心解答游客的疑问

续表

游客类型	表现特征	应对策略
胆怯型	对自己的能力缺乏认识,低估自己;对不熟悉的人有一种"畏惧"心理;只要给予关怀照顾,他就会放得开	真诚付出,引导游客;帮助游客克服购买恐惧心理,鼓励游客,慢慢使其放松;不厌其烦,通过旁敲侧击的方式探得对方的喜好,减少他对你的反感
健谈型	表现欲极强,凡事喜欢自作主张	不要让夸夸其谈的游客将你引入和服务无关的话题中,要抓住一切机会将谈话引入正题;并且要适当聆听、适当恭维
沉默型	不轻易发表自己的观点,也不轻易批驳服务人员的建议	对待这样的游客要更具耐性,尽量提问让游客开口来捕捉对方的真实意图;可以通过游客的表情、举动观察,判断游客对旅游产品的感觉或循循善诱让对方主动说出购买动机
友善型	随和,对自己以外的人和事没有过高的要求,具备理解、宽容、真诚,这样的游客容易成为企业的忠诚游客	门市服务人员不能因为对方的宽容和理解而放松对游客推销,游客做出购买决定首要的前提是旅游产品符合需求,并且得到足够的信息进行对比和判断
条理型	对自己需要的旅游产品一清二楚,在购买前做足准备,对适合的旅游产品了解充分	介绍旅游产品时少用或不用手势,语调要有所控制,说明内容要直接而简洁,讲话要考虑他们的需要,这是最容易一次达成购买协议的游客
稳定型	有耐心、随和,有逻辑性和条理性,他们讨厌变化,一般比较忠诚,乐于为他人服务	门市服务人员要创造一种安静销售的环境;语调应温和、镇定、平静,音量要低,语速要慢,显得略有所思,行动要有节奏
要求型	爱好溢于言表,对自己很在意,购买商品时,一般挑最好的。他们愿意与了解他们,且坚强自信的人打交道	口齿清楚,讲话直接、自信、节奏要快,要有准备、安排有序,针对旅游产品的主要问题提供事实依据和逻辑性

D. 态度障碍:态度是人们在自身道德观和价值观基础上对事物的评价和行为倾向。作为一种预先设定的倾向,相反的态度必然造成沟通障碍。

2. 文化差异障碍

如果旅游服务人员和游客在经验水平和知识结构上差距过大,文化背景不同,思维习惯不同,就会产生沟通的障碍。

9.2.2 旅游服务沟通中的外在障碍

1. 语言障碍

语音差异、语意不明、专业术语、暗语等均能造成沟通障碍。

案例 9-2

有一个秀才去买柴,他对卖柴的人说:"荷薪者来!"卖柴的人听不懂"荷薪者"(即卖柴的人),但听得懂"来",于是把柴担到秀才面前。

秀才问他:"其价如何?"卖柴的人听不懂这句话,但听得懂"价"这个字,便告诉秀

才价钱。秀才接着说:"外实而内虚,烟多而焰少,请损之。"

卖柴的人听不懂秀才的话,于是就担着柴走了。

想一想:这个故事中秀才的沟通成功吗?主要的沟通障碍在哪里?

2. 角色障碍

不同的社会角色之间,必然存在不同的心理。例如,年龄、行业、职位……

例如,一般作为上级所具备的心理:官大学问大、被批评的话听不进去、强词夺理、拒人千里、使部属不敢尽言。而作为下属也存在一定心理特点:存心讨好、顺上司的心意谈话、多一事不如少一事。

如果沟通的双方所处的角色不同,必然会形成角色障碍。因此,旅游服务人员应该换位思考,多站在游客的立场考虑问题。

3. 造成外在障碍的其他方面

(1)信息渠道选择不当

该用书面的就不宜用口头的;该亲临现场的,就不能只简单打个电话;可以简单口头传达的,就不宜用冗长的书面报告。

(2)沟通对方无反馈

旅游服务人员在对客服务时,只有单项的信息交流,导致沟通障碍。

(3)环境干扰

人为的干扰:如同事突然进来、有人打进电话。

环境中的噪声:如电话铃声。

空间距离远等客观条件也会构成沟通障碍。

9.3 投诉处理程序及注意事项

案例 9-3

导游员小李带一个境外团赴 B 城旅游度假,下榻 B 城的某饭店。一天,当游客们兴致勃勃地从海滨浴场回来用餐时,某游客发现餐厅的一份菜肴中有一条虫子。顿时一桌游客食欲

全无，有的还感到恶心。游客们当即找到导游员小李，气愤地向他投诉，要求换家餐馆用餐。

面对愤怒的游客，导游员小李首先代表旅行社和饭店向全体游客表示歉意，然后很快找来该饭店餐饮部经理，向他反映了情况，并提出解决问题的建议。餐饮部经理代表饭店向游客做了诚恳道歉。同时，让服务员迅速撤走了这盘菜，为了表示歉意，还给游客加了一道当地风味特色菜。面对导游员小李和餐饮部经理真诚、积极的态度，游客们谅解了饭店餐厅的失误，也不再提出换餐馆的要求。

案例分析：本案例中的导游员小李及时得体地处理了游客的投诉，使得一场本来可能会给旅行社带来麻烦、给饭店带来经济损失的事故被及时化解。由此可见，导游员对待投诉处理的方法有着重要意义。

有资料指出："不满意的顾客只有 4%会提出投诉；凡有一名投诉者，必有 26 名顾客心怀不满离你而去——什么也不说。这些不满离去的顾客中，65%将再也不会回来使用你的服务。"

9.3.1　投诉

投诉是指企业的产品和服务没有达到游客的期望值，使游客产生不满意的情绪而引起的抱怨。就旅游投诉的本质来说，是游客对企业信赖度与期望值的体现，有时会成为企业前进的动力。

什么叫期望值？即游客心理所希望的感受。如游客对旅游服务人员的期望值：

（1）热情服务、方便、行动迅速；

（2）理解；

（3）不敷衍；

（4）一站式解决问题；

（5）言而有信、承诺兑现。

1. 游客投诉心理分析

投诉是指当游客主观上认为由于服务人员工作差错而引起了他们的麻烦和烦恼，或者损害了他们的利益等时，游客会向服务人员提出或向有关部门反映。从服务接待的角度来讲，投诉具有主观原因和客观原因。

（1）主观原因

主观原因主要体现在两个方面：其一，服务态度方面，如不尊重客人、工作不负责任等。其二，服务技能和技巧方面，如缺乏专业知识、服务效率低等。

（2）客观原因

客观原因是从游客的角度分析，主要概括为两大方面：其一，游客对企业服务标准要求不同。其二，游客的个性存在差异。

2. 旅游投诉处理的原则

旅游服务人员在受理投诉时，应遵循以下四个原则：

（1）投诉不应影响旅游服务人员对提出投诉的游客及其他游客的态度。对待投诉，不管

投诉的对象是谁，甚至是旅游服务人员自己，服务人员都要抱积极的态度，要注意自己的言谈、姿势、表情等，并把成功处理投诉看作是自己义不容辞的任务。作为旅游服务人员，能在顺利的条件下工作固然好，但更应善于在发生故障的逆境下工作。

（2）对任何投诉，旅游服务人员都应感谢游客。因为投诉本身表明，尽管发生了故障，但游客对旅游服务人员仍然是信任的。游客并没有因此灰心丧气，对旅游服务人员表示冷漠和不予理睬。

（3）成功处理投诉意味着在困难的情况下顺利地解决问题。旅游服务人员应在尽可能短的时间内处理好游客的投诉，让失望的游客能得到满意的答复。

（4）即使游客的投诉是没有道理的，旅游服务人员也应努力去争取这位游客，同时应该想办法使游客明白，他的投诉为什么不对。

3. 旅游投诉处理的程序

在具体处理游客的投诉时，旅游服务人员应按以下步骤进行：

（1）高度重视

对待投诉要高度重视。旅游服务人员及时采取积极的态度，并且采用恰当的方法是非常必要的。若条件允许，应尽可能在一间安静的关起门来的客房里进行个别接触。

（2）聆听和理解

无论游客的情绪是否激动，旅游服务人员都应认真倾听游客的陈述并正确理解游客的语言。必要时，可以想办法使游客申诉得具体些。从中你可以发现游客的真正需求，从而获得处理投诉的重要信息。

（3）调查了解

旅游服务人员应及时地调查了解核实投诉内容，要抓住游客申诉的核心，并可采用提出部分问题的方法来澄清事实。此外，旅游服务人员应把游客的申诉内容提纲挈领地总结和重复一下，看看自己的理解是否和游客的申诉相一致。

（4）分析和评价游客的申诉

旅游服务人员需要针对游客的申诉进行思考和分析，判断服务过程中的不足或错误是否真的存在。如果真的存在，旅游服务人员应采取积极态度，以最快的速度解决。

（5）协商解决方案

通过与游客协商方案的可行性来确定最佳处理方案。

（6）向游客通知决定

通过最为合适的方式、方法通知旅游者最终的处理方案。正确的方式方法能使游客确信旅游服务人员做出的决定是一个正确的决定。

（7）事后检查

对于旅游服务人员而言，在成功地解决投诉问题之后应该对投诉过的游客给予适当的注意。对于旅游企业而言，在事后应该全面检查与排查企业内部可能存在的其他问题。

（8）做好记录

将投诉的解决过程及方案记录在笔记本上。这样能够很好地积累经验。

具体流程如图9-1所示。

游客投诉

↓

积极接触

↓

聆听和理解，准确记录事件发生的时间、地点、经过、涉及人员，投诉者的姓名、电话、单位名称及地址

↓

调查了解，抓住申诉核心内容

↓

协商解决方案

未达成共识　　达成共识，游客满意

上报上级领导，并告知游客处理的时间和步骤　　投诉结束

↓

做好投诉处理记录

↓

投诉结束

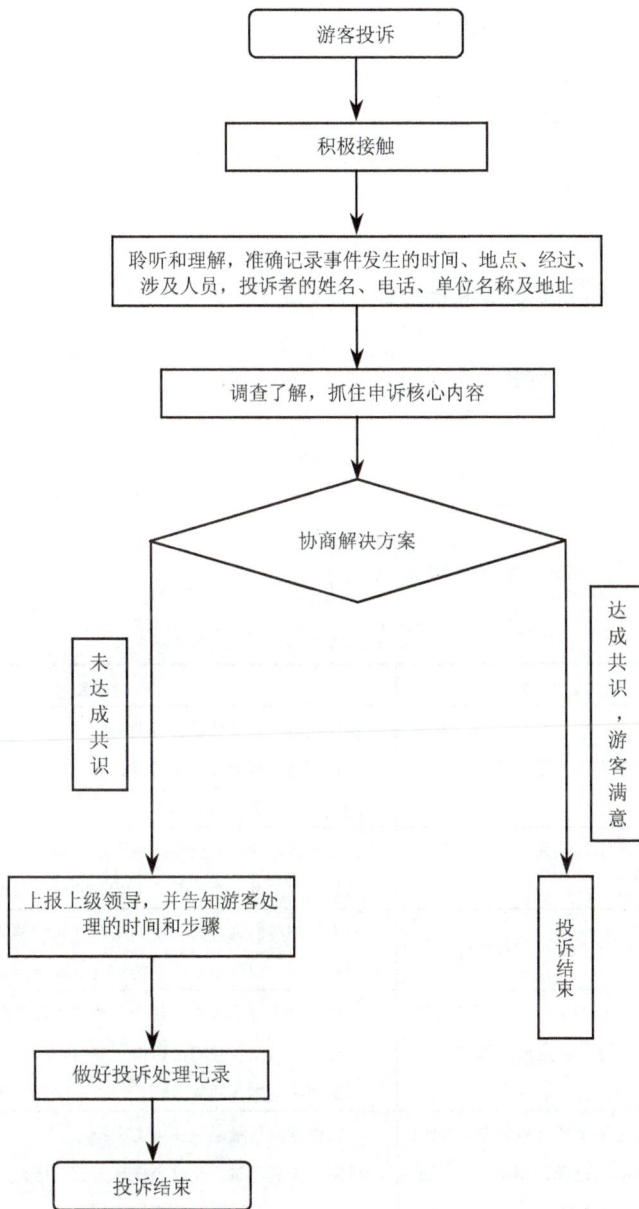

图 9-1　游客投诉处理程序

9.3.2　旅游投诉处理的注意事项

1. 投诉处理的沟通误区

（1）立刻与游客摆道理。

（2）急于得出结论。

（3）一味地道歉。

（4）告诉游客，"这是常有的事"。

（5）言行不一，缺乏诚意。

（6）吹毛求疵，责难游客。

2．投诉处理难点与障碍

（1）控制自己的情绪。

① 随时做好迎接挑战的心理准备。

② 不产生负面评价。

（2）站在游客的立场看问题。

① 不满游客的心理。

② 建立同理心。

③ 移情作用。

3．难以应付的投诉游客的处理建议（见表 9-2）

表 9-2　不同类型游客特征及投诉处理建议

游客类型	特　征	处理建议
以感情用事诉说者	情绪激动，或哭或闹	保持镇定，适当让游客发泄； 表示理解，尽力安抚，告诉游客一定会有解决方案； 注意语气，谦和但有原则
滥用正义感者	语调激昂，认为自己在为民族产业尽力	肯定游客，并对其反映问题表示感谢； 告知企业的发展离不开广大游客的爱护与支持
固执己见者	坚持自己的意见，不听劝	先表示理解游客，力劝游客站在互相理解的角度解决问题； 耐心劝说，根据企业产品的特性解释所提供的处理方案
有备而来者	定要达到目的，了解相关法律，甚至会记录处理人谈话内容或录音	处理人一定要清楚本旅游企业的服务政策及消法等有关法律规定； 充分运用政策及技巧，语调充满自信； 明确解决游客问题的诚意
有社会背景，宣传能力者	通常是某重要行业领导，如电视台、报社记者、律师，不满足要求会实施曝光	谨言慎行，尽量避免使用文字； 要求无法满足时，及时上报有关部门研究； 要迅速、高效地解决此类投诉

课后练习

一、选择题

1．沟通中人们主要分享以下哪些？（　　）。

A．信息　　　　　B．思想　　　　　C．情感　　　　　D．金钱

2．具有相同背景的游客，在旅游消费过程中会出现以下哪些特征？（　　　）。

    A．从众　　　　　　　B．模仿　　　　　　　C．暗示　　　　　　　D．对比

3．以下哪些属于非语言沟通？（　　　）。

    A．面部表情　　　　　B．身姿动作　　　　　C．情绪状态　　　　　D．空间距离

4．社交距离的范围是（　　　）。

    A．15～44 厘米　　　B．44～76 厘米　　　C．76～122 厘米　　　D．1.2～2.1 米

5．心理障碍主要包括哪些方面？（　　　）。

    A．认知障碍　　　　　B．情绪障碍　　　　　C．个性障碍　　　　　D．态度障碍

二、简答题

1．旅游服务沟通的特点是什么？

2．简述什么是非语言沟通。

3．简述旅游投诉处理的原则。

4．简述旅游投诉处理的程序。

三、论述题

1．学校开学第一天，你认为以怎样的方式和新同学沟通会比较有效率？

2．你带团到海南旅游，但是在抵达海南后的第二天遭遇台风，游客们被困在酒店无法前往景点游览，游客的情绪比较激动，斥责旅行社不预先告知，你认为该如何与游客沟通？

模块三　旅游组织中的心理分析

第10章

旅游组织中的人际关系

知识要点

❖ 了解组织心理、组织行为、群体行为、群体规范的概念和分类。

❖ 熟悉组织心理的研究内容、组织行为的特征、群体行为和群体规范的发展阶段。

❖ 掌握旅游企业中正确心理的确立。

❖ 掌握如何规范旅游企业中的组织行为。

❖ 掌握群体行为中人际关系与冲突的处理技巧。

❖ 掌握群体规范的具体作用。

❖ 学会分析个体和群体的心理和行为具有的心理学特征。

课堂训练

心理小测试

1. 如果你是集体中的一员，你希望你所在的集体是什么样的集体？（　　　）

   A. 团结向上　　　　　　B. 积极进取　　　　　　C. 勾心斗角

   D. 消极沉闷　　　　　　E. 分帮分派

2. 假设班级里的一个同学和你产生了矛盾，你的做法是怎样的？（　　　）

   A. 伺机报复　　　　　　　　B. 拉拢其他同学，不再理他

   C. 找人调节　　　　　　　　D. 置之不理　　　　　E. 主动沟通、消除误解

3. 下列哪些因素可以促进你的知识和技能的学习与掌握？（　　　）

   A. 与同学良好的友情关系　　　　　　　B. 班级内学习气氛较浓

   C. 近期的人生目标　　　　　　　　　　D. 远景职业生涯规划

   E. 对专业感兴趣　　　　　　　　　　　F. 教师的关心和爱护

通过这个小测试，我们可以看出集体与个人存在相互联系。那么，我们应该怎样在集体中与他人相处？健康的集体会对组织内成员产生怎样的影响？集体就是一个组织，那我们在组织内怎么做才能发挥个人的作用并使组织健康发展呢？

本章将在相关概念、研究内容，以及如何在组织内积极作为等方面做简要概述。

10.1　组织心理与行为

案例 10-1

数据通用公司有一个集团，在新员工进入该集团前有一项奇特的程序，该集团设计小组几乎每个人都经历了这道程序，老员工称这道程序为"签约参加工作仪式"。通过这项活动，使每个工程人员在必要情况下愿意牺牲个人利益。这种加入方式有许多长处：员工不再是被强制工作，而是自愿参加工作。一旦他们签约参加了工作，那么就等于宣誓"我愿意做这项工作，并将全心全意地做好"。

该集团会给年轻的计算机工程人员提供一些非常具有吸引力的项目。而对于申请成为该群体成员的人进行口头审查往往会按以下程序进行：

审查员：这件事很麻烦，如果我们雇用了你，你在工作中会遇到很多难题。你将与一帮难相处的人一起工作。

新成员：这吓不住我。

审查员：这个组有许多出色的人，工作确实很艰苦，而且常常要花时间。我的意思是花费很长时间。

新成员：不，那正是我想要做的，我要在新的组织中取得有利的地位，我要做一件大项目的工作，我会付诸行动的。

审查员：我们可能只招收今年最好的毕业生，我们已经招收了一些非常出色的人，我们将让你认识他们。

这些问题谈完以后，项目经理说："这就像招收你去执行一项自杀任务一样，你将要去死，但你将是光荣地死去。"

小组成员被招进来以后，对他们的工作有一种自豪感，感到自己的工作很受数据综合管理部门的重视，因此，小组成员非常勤奋努力，按时完成设计任务，并通宵达旦地工作，甚至牺牲周末的休息时间。在这里，群体的凝聚力提高了生产率。

讨论

一个组织应该让其成员具备什么样的心理素养去工作？组织内成员的什么样的要求被满足，才能促进组织的发展呢？如何让群体的凝聚力提高生产率、带来效益并充分实现个体的价值呢？

10.1.1 组织心理

1. 组织心理的概念

组织心理是研究个体、群体与组织的关系，探讨什么样的社会心理环境有利于激发个体动机，达到共同的组织目标。即为研究如何安排有利的组织环境，适应个体心理需要，使组织与个体的利益维持平衡。

2. 组织心理学的概念、研究对象

组织心理学是研究组织管理中人的心理现象及其行为规律的科学。它体现着以人为本的观念。

在一定组织的工作和管理过程中的人们的心理现象和行为活动是组织心理学的研究对象。具体研究对象包括：

（1）个体心理。即单个组织成员的心理。包括：个体心理过程、个性倾向性、个性心理特征、工作激励。

（2）群体心理。即群体成员的心理现象。 包括：群体心理特点、群体沟通、群体人际关系、群体互动。

（3）组织心理。即整个组织活动表现的心理活动。包括：领导心理、领导理论、组织心理、组织文化、组织改革与发展。

3. 旅游组织心理

旅游组织心理是指在旅游组织的工作和管理过程中其成员的个体和群体的心理现象和行

为活动规律。旅游组织包括旅游行政组织和旅游企业。本章节中，旅游组织主要指旅游企业。

4. 研究组织心理的意义

（1）组织心理的研究可以在组织内引导积极有益的个性心理倾向。

（2）处理好企业内部出现的各种冲突。

在组织内，成员之间产生的冲突，主要可以分为四类：其一，由于人们信息沟通的渠道不畅，不能正常地沟通思想、交流感情、传递信息而造成冲突。其二，由于人们的知识、经验、态度、理解不相同，对于同一事物认识会有所不同，从而产生冲突。这种因为认识因素而产生的冲突，在组织内比较普遍。其三，由于价值观不同而产生分歧与冲突。其四，群体成员工作于某一特定群体，在考虑和处理问题时，由于具体任务、职责、利益不同，往往首先考虑的是自身小群体的利益。一般来说，因工作上的意见分歧造成的冲突，属于正常冲突，处理得当有助于群体目标的实现。因个人恩怨造成的冲突，属于不正常冲突，具有破坏性作用。

（3）能够培养团队的凝聚力，加强合作，提升团队的士气，提升团队效率。团队精神的内容包括团队的凝聚力、团队合作的意识、团队士气的高昂。

10.1.2　组织行为

1. 组织行为的概念、分类和特征

组织行为，是指组织的个体、群体或组织本身从组织的角度出发，对刺激所作出的反应。

一般的组织行为学认为，组织行为学是研究在某一组织环境中所有成员的行为。其研究对象是成员个人、群体、整个组织及其外部环境的相互作用所形成的行为。因此，把组织行为划分为个体行为和群体行为。但随后有观点指出这样划分并不合适，组织行为并不能简单地看作组织中单纯的人的行为，因为人不是组织的唯一构成要素，组织行为应该是组织中要素之间以及组织要素和外部环境之间相互作用而产生的行为。虽然组织行为是一项十分复杂的行为，但根据组织要素的不同，管理主体所发出的行为是管理行为，管理客体所发出的行为是业务行为。因此，组织行为可以分为两大类：管理行为和业务行为。

组织行为的特征包括：（1）组织行为是整体行为，不是某些成员的单独个人行为。（2）组织行为的动机是根据该组织目标产生的，带有明确的目的性。（3）组织行为既具有自然属性，又具有社会属性。（4）组织行为是全体组织成员共同的行为。（5）组织行为的实现是通过组织成员的个体行为。

2. 旅游企业中的组织行为

按照组织行为的分类方法，旅游企业行为可以划分为旅游企业管理行为和旅游企业业务行为。旅游企业中董事长、总经理、经理、部门主管等人的行为属于管理行为，他们被称为管理者。旅游企业中的导游、计划调度员、线路推广员、旅游咨询接待员等人的行为属于业务行为，他们被称为业务人员。当然，两种人员的划分并不绝对，在旅行社中，经常有经理兼职做导游，那他就有业务人员和管理者的双重身份。

3．规范旅游企业中的组织行为

传统组织行为学更多地关注组织、团队、管理者和员工等出现问题后如何解决问题。而更为积极的组织行为学认为应该将重点放在如何发挥员工优势、如何提高员工积极性，以提高组织的绩效水平上。

从组织内个体角度，要调动员工的积极性；从规章制度的角度，要让其遵循一定的规范，什么该做，什么不该做；从领导的角度，要善于用人和处事，善于解决各种不利问题，促进组织和谐与高效；从文化的角度，组织应创立本企业的优秀文化，让文化对组织内起到促进作用。

10.2 群体行为与规范

案例 10-2

某公司是一家生产服装的中型企业，公司一直都保持着稳定的发展。自从公司的前厂长离开后，整个公司形势就发生了变化。总经理开始物色具有丰富经验的管理者，结果前后来了三任厂长都改变不了车间混乱的状况，生产的服装几乎每批都因为产品的质量达不到要求被返工，这一方面让公司大幅亏损，另一方面由于公司采取的是计件工资制，也导致员工的工资锐减。一时间公司内部开始流传各种传言。

而这时公司的总经理正在和深圳的一家贸易公司谈判，希望能获得一个 100 万元的海外订单，在离开公司之前虽然他也知道人心不稳，但他认为只要能签到这份订单就可以稳住人心，让一切回到正轨。结果，当他回到车间却发现已经有 40% 的员工在领到上个月工资后就已经集体辞职了。

分析总经理在管理过程中的失误。

思考：集体辞职的员工的心理是什么样的？他们做出的选择受什么因素的影响？

10.2.1 群体行为

1．群体的概念

群体是指为了实现某个特定目标，由两个或更多能够相互影响、相互作用、相互依赖的个体所组成的集合体。作为群体的最为明显的标志是群体内成员在心理上是否存在一定的联系，是否有共同的需要与共同的目标。

2. 群体的特征

（1）规范性，群体成员必须遵守组织内部规范。

（2）影响性，群体成员之间相互联系，相互影响。

（3）依赖性，群体成员形成一个整体，相互依赖，具有群体意识和归属感，具有成员意识。

（4）组织性，群体成员在群体中扮演不同的角色，为完成共同的目标而分工协作。

3. 群体的分类

按群体构成的原则和方式可分为：①正式群体，包括命令型群体和任务型群体；②非正式群体，包括利益型群体和友谊型群体。

按联系的紧密程度及发展水平可分为：①松散群体；②联合体；③集体（集合体）。

按群体的开放程度可分为：①开放型群体；②封闭型群体。

按群体在社会上发挥作用的大小可分为：①参照群体；②一般群体（或标准群体、示范群体）。

按群体规模的大小可分为：①大群体；②小群体。

按群体是否实际存在可分为：①假设群体；②实际群体。

4. 群体(团队)的发展阶段

美国人布鲁斯·塔克曼的团队在对群体行为进行过大量研究后，总结出团队发展的五个阶段：（1）组建期。项目小组启蒙阶段。（2）激荡期。各种观念激烈碰撞的局面。（3）规范期。相应的规则与价值观均已建立。（4）执行期。团队能量集聚于一体，群体成员按照各自角色完成组织任务。（5）休整期。任务完成，成员抽离角色。

10.2.2　群体规范

1. 群体规范概述

群体规范是每个成员必须遵守关于思想、评价和行为的标准，是各种行为方式的总和。广义的群体规范包括社会制度、法律、纪律、道德、风俗和信仰等，是一个社会里多数成员共有的行为模式。

群体规范不同于规章制度，应该是一种约定俗成的准则，可以是成文的规范，也可以是不成文的要求。群体规范被大多数成员接受，影响着群体成员的思想和行为。群体规范一般要经历探索、形成和定型三个阶段，是在成员间相互作用的过程中逐步形成和发展起来的。

讨论

解释下列成语、俗语和歌词

1. 挥汗成雨

2. 三人成虎

3. 三个臭皮匠，顶个诸葛亮

4. 一根筷子轻轻被折断，十双筷子牢牢抱成团（选自歌曲《众人划桨开大船》）

5. 集腋成裘

2. 群体规范的作用

群体规范的基本作用是对成员具有比较和评价的作用。它可以提供认知标准和行为准则，以制约成员的思想和行为，使之保持一致；群体规范还可以作为成员们自我评价或对他人评价的依据。但群体并不是要约束成员的一言一行，而是规定并指引成员的思想和行为，明确哪些思想与行为在组织内部能不被接受，哪些思想与行为是在组织内被倡导的。群体规范的具体作用如下：

（1）维持和巩固群体。群体规范能够对成员产生压力，当个体发现自己和群体中大多数人的意见不同时，就会体验与众不同所造成的被排斥的紧张感。群体大多数人会按照群体规范的行为准则来要求自己与要求他人，使群体得以维持和巩固。

（2）树立评价标准。在评价成员行为的过程中，尺度之一达到或符合群体规范的行为会被群体接受、鼓励甚至赞誉，违背群体规范的行为将会为群体所拒绝、排斥甚至攻击。

（3）群体动力。群体规范规定了群体成员的努力方向和目标。在这种情况下，要想融入群体之中，体现自我价值，该成员就必须按照这一规范去完成目标。

（4）行为导向。当成员的心理或行为偏离或破坏群体规范时，群体就会采取行动纠正成员的心理和行为，促使成员回到规范之中。良好的群体规范是成员的心理和行为的向导。

课后练习

一、选择题

下列哪些组织行为是不恰当的？（　　　）。

A．某公司董事会因为上一季度效益不好，决定扣每名员工100元工资，以缓解流动资金紧张问题。

B．数控加工车间小王偷拿了一块铸铁原料，卖给了废品收购站，获利80元。事情败露后，主管经理对小王所在的班组所有员工进行了罚款处罚，以儆效尤。

C．某公司经理发现一员工近期经常迟到，并没有立即处罚他，而是找其谈话，问清缘由。原来是此员工家里有人生病住院，早晨需要送饭，所以来迟。经理带人看望其家人后，仍在会上对他进行了点名批评。

D．王城是一家化工企业外联部门的办公室主任。他有吸烟的嗜好。出于安全的考虑，企业内不允许吸烟，并规定遇有吸烟者罚款50元。但是，王城认为自己是领导，无视单位规定，经常在办公室里吸烟。

E．某酒店设立了员工日。员工日这一天，全酒店的员工可以在本酒店宴会大厅聚餐，享受美食，同时可以观赏到员工表演的歌舞等节目。

二、填空题

1．组织心理是研究_____、_____与组织的关系，探讨什么样的社会心理环境，有利于激发_____，达到共同的_____。即为研究如何安排有利的组织环境，适应个体心理需要，使组织与个体的利益_____。

2．按照组织行为的分类方法，旅游企业行为可以划分为_____和_____。

3．群体是指为了实现某个特定目标，由两个或更多能够_____、_____、相互依赖的个体所组成的_____。作为群体的最为明显的标志是群体内成员在心理上是否存在一定的_____，是否有共同的_____ 与共同的目标。

4．群体规范是每个成员必须遵守关于思想、评价和行为的_____，群体规范一般要经历_____、_____和_____三个阶段。

三、简答题

1．简述组织心理学的概念及其研究对象。

2．简述组织行为的概念及特征。

3．群体规范的特征有哪些？

4．群体规范有什么作用？

第 11 章

旅游组织管理

知识要点

- ❖ 了解什么是管理。
- ❖ 理解管理的任务和原则。
- ❖ 理解管理者应具备的素质。
- ❖ 了解人格、价值观、激励的概念和分类。
- ❖ 了解企业价值观的作用。
- ❖ 熟悉人格、价值观、需要、动机、激励的特点和特征。
- ❖ 掌握如何树立正确的价值观。
- ❖ 掌握需要、动机、激励之间的关系。
- ❖ 掌握内部动机和外部动机的关系。
- ❖ 掌握基本的激励理论。

课堂训练

看你是否具备管理能力

题目：今天你穿了件自认为非常得体的衣服，却遭到了众人的非议，你将如何处理？

A．立即换掉　　　　　　　　　B．明天再换掉

C．明天接着穿　　　　　　　　D．以后再也不穿

测试分析：

答案 A：你注重他人对自己的看法，相信团队的力量是事业成功的核心，对别人的指正能够快速接纳并付诸实践，但是比较随意。

答案 B：你能善意地接受他人的意见，并会结合自我观点冷静思考，你做事要求有说服力，能够为员工提供更多的发展机会，是让人信服的出色管理者。

答案 C：你能够雷厉风行、抢夺商机，但是做事容易独断专行，不愿接受任何不同于自己的意见，难免会造成企业内部管理上的瘫痪。

答案 D：你有着为事业成功而愿放弃一切的精神。作为管理者，你为人处世力求完美，这让你自己与他人备感疲劳，长此以往不免造成团队中优秀员工的流失。

从以上测试中可以看出，不同类型的管理者对企业产生的作用是不一样的，管理者的能力会直接影响着企业的决策。因此，组织中管理者的素质也从某些方面影响着企业的生命周期。

让我们来一同了解，在旅游组织中的管理者应具备哪些素质。

11.1　旅游组织管理者素质要求

案例 11-1

拿出一叠扑克牌（牌面上有各种漂亮的图案），把公司员工分成 A、B 两组，请 A 组每人从中选取自以为最好看的两张；请 B 组每人选取两张红桃，并对点数作了明确的要求。最后，请两组人员把牌亮出来。于是，出现了下面的结果：

A 组：黑桃 2、方块 A、黑桃 8、梅花 Q、红桃 3……

B 组：红桃 A、红桃 K、红桃 Q、红桃 J、红桃 10……

案例分析：两组的结果完全不同，A 组是一副杂牌，B 组却是一手红桃同花顺。为什么会这样呢？这是因为，A 组没有获得明确的指令，所以 A 组成员是按照各自观念来选牌；B 组，获得对点数的指令，并将其有效的传达给组内成员，从而获得一副同花顺。由此可见，如果要得到一副同花顺，必须达到两个条件：第一，决策层一定要思路清晰；第二，要给员工发出明确的指令。否则，员工们要么茫然失措，要么自行其是，就像刚才的游戏一样，形成一手杂牌。

11.1.1　管理的概述

"科学管理之父"泰罗在其《科学管理原理》中认为："管理就是确切地知道你要别人干什么，并使他用最好的方法去干"。在泰罗看来，管理就是指挥他人能用最好的办法去工作。

因此，广义的管理是指应用科学的手段安排组织社会活动，使其有序进行。狭义的管理是指为保证一个单位全部业务活动而实施的一系列计划、组织、协调、控制和决策的活动。管理是在特定的环境下，对组织所拥有的资源进行有效的计划、组织、领导和控制，以便达成既定的组织目标的过程。

管理，简单地说就是知道要别人去做什么，并使他用最好的方法去干。

管理的种类很多，分为行政管理、经济管理、社会管理、城市管理、卫生管理等。企业管理可以划为几个分支：人力资源管理、财务管理、生产管理、采购管理、营销管理等。旅游行业同样存在着管理，即旅游管理学是一门研究旅游业经营管理的新兴学科。

案例 11-2

一位老板诉苦说，他的公司管理出现了问题，于是请一位专家前往公司诊治。专家到公司上下走动一圈后，询问老板："你到菜市场去买过菜吗?"

他愣了一下，答道："是的。"

专家继续问："你是否注意到，卖菜人总是习惯于缺斤少两呢?"

他回答："是的，是这样。""那么，买菜人是否也习惯于讨价还价呢?"

"是的。"他回答。

"那么，"专家笑着提醒他，"你是否也习惯于用买菜的方式来购买职工的生产力呢?"

他吃了一惊，瞪大眼睛望着专家。

最后，专家说："一方面是你在工资单上跟职工动脑筋，另一方面是职工在工作效率或工作质量上跟你缺斤少两，这就是公司管理不善的病灶之所在啊!"

案例分析：管理的任务是设计和维持一种环境，使在该环境中工作的人们能够用尽可能少的支出实现既定的目标，或者以现有的资源实现最大的目标。

11.1.2　管理者应具备的素质

案例 11-3

案例一：女孩买了条裤子，一试太长，请奶奶帮忙剪短，奶奶说忙；找妈妈，也忙；找姐姐，更没空。女孩失望地入睡了。奶奶忙完家务想起小孙女的裤子，就把裤子剪短了一点；姐姐回来又把裤子剪短了；妈妈回来也把裤子剪短了，最后裤子没法穿了。

案例二：××是一家电子产品公司的策划部经理，由于工作成绩突出，深得公司领导赏识。他对工作要求特别严格，经常废寝忘食。他希望他的员工也像他一样，全心全意投入到公司事务上。他的口头禅就是"公司事再小也是大事，个人事再大也是小事"。

　　他要求下属员工上班时间不得闲聊、不得接打私人电话、不得做与岗位工作无关的事情，所有时间都得用在工作上。要求下属每天陪自己加班到十一二点，即使下属员工的工作已经完成，也不能随便回去。假如下属员工不遵守以上规定，那么加薪晋职的机会就很渺茫，而且很可能被他"冷藏"，再无出头之日，或者被调职或解雇。另外，无论什么节假日，他都会为下属员工重新规划，以满足他工作的需要，根本没有什么周末、国家法定节假日的概念。

　　在他的领导下，下属员工总有做不完的工作，即便有些工作没有任何意义。他的举动引起下属的怨言，他们抱怨自己完全没有私人的空间，随时都被经理管理和监督，身心受到严重的限制，他们快要疯掉了。一次，其中一个下属在内部网站的 BBS 牵头讨论加班要给加班费、工作应该劳逸结合问题，竟然被他得知，没几天这名员工就被解雇了。随后一个深夜召开的部门会议上，下属员工终于爆发了自己的情绪。不久，该经理被撤职调离。

讨论

从以上案例中，大家认为管理者应具备怎样的素质呢？

出色管理者应该具备的十大素质

（1）处事冷静，却不优柔寡断

　　身为一名管理者必须处事冷静，他们要考虑事情的多个方面，要思考问题涉及的各种利害关系，不能冲动行事。优秀管理者虽然处事冷静，但并不意味着优柔寡断，他们往往会在周密思考后果断作出决定或清晰地阐明自己的观点。

（2）做事认真，但不事事求"完美"

　　出色管理者深知经商和科研不一样。科研侧重追求的是严谨、精益求精；经商侧重追求的是效益、投入产出比。出色管理者做事非常认真仔细，但他们同时也非常懂得什么事情需要追求"完美"（尽善尽美），什么事情"差不多就行"（达到基本标准）。具有这种特征的管理者往往能把事情"做对"，并且能比一般人更容易创造出价值。

（3）关注细节，但不拘泥于小节

　　出色管理者善于关注事情的细节，善于留意观察身边的人和事。他们善于抓住问题的要害，善于将问题"扼杀"在萌芽状态。出色管理者虽然善于关注细节，但他们不会过分拘泥于小节，不会在意别人的一点小过错或小过失。具有这种特征的管理者往往能大幅度减少"问题"的发生，日常管理工作也会井然有序。

（4）协商工作，注意倾听

　　出色的管理者绝少对下属发号施令，他们往往采用和下属商量的方式布置和安排工作。善于倾听有两大好处：其一，让别人感觉你很谦虚；其二，你会了解更多的事情。 每个人

都认为自己的想法是有合理理由的，并且每个人都有迫不及待表达自己的愿望。在这种情况下，友善的倾听者自然成为最受欢迎的人。如果管理者能够成为下属的倾听者，他就能满足每一位下属的需要。如果你没有这方面的能力，就应该立即去培养。培养的方法很简单，你只要牢记一条：当他人停止谈话前，决不开口。

（5）关爱下属，懂得爱才

出色管理者善于尊重和关爱下属，他们往往视同事如"兄弟"，懂得怎样去珍惜和爱护与自己朝夕相处、共同拼搏的"战友"。具有这样特征的管理者往往会让下属有一种"如家"的感觉，无形中也让大家更积极、更主动、更无怨无悔地付出。

（6）对人宽容，甘于忍让

一个成熟的领导者应该有很强的情绪控制能力。如果他经常由于一些事情控制不了自己的情绪，有可能会影响到公司的整个效率。从这点意义上讲，当你成为一个管理者的时候，你的情绪已经不单单是自己私人的事情了，它会影响到你的下属及其他部门的员工；而你的职务越高，这种影响力越大。出色管理者胸怀宽广，对人宽容、甘于忍让，他们善于将心比心，善于考虑别人的难处和利益。具有这种特征的管理者往往易于形成良好的人际关系，并往往能在需要时，得到别人最真诚的支持和帮助。

（7）严以律己，以行动服人

出色管理者不会让自己独立于各种规章制度之外，他们往往身体力行、为人表率，用自己的实际行动来影响和带动身边的人。具有这种特征的管理者往往"其身正，不令而行"。

（8）为人正直，表里如一

出色管理者为人正直、表里如一。他们往往对人一视同仁、处事公平公正，没有暗箱操作；也不会当面"抹蜜饯"，背后"捅刀子"。具有这种特征的管理者往往使人有"安全感"并能得到别人充分的信任。

（9）谦虚谨慎，善于学习

出色管理者不会把自己已有的知识和技能作为管理的资本。他们往往谦虚谨慎，乐于向自己的上司、同事和下属等学习。具有这种特征的管理者往往具有比较强的能力并且能够使自己的能力得到持续的提高。

（10）不满足于现状，但不脱离现实

出色管理者不满足于当前的业绩，他们都有比较高远的目标和追求。他们不满足于现状，但决不会脱离现实，他们总是一步一个脚印地为更高更远的目标而奋斗。他们非常清楚自己的将来会是怎样，而怎样才是他们想象中的将来。

11.1.3 管理者的职能

案例 11-4

一个牧羊人为了提高牧羊的效率，决定培养狼作为帮手。于是，他选中了一只狼，并且每天训练狼如何捕捉小羊。他希望通过这种方法，让狼出面把邻近羊群中的小羊据为己有。在此之前，因为这只狼没有经过野生训练，是人工抚养大的，所以胆子很小。为了鼓励它，

牧羊人说："你是一只凶猛的狼呀，你要相信自己能够变成一只最杰出的狼!"这只狼果然变得很出色了，因为它把主人的羊也捕捉到了自己的肚子里。结局：一位猎人出于义愤击杀了这只狼，而牧羊人也因为霸占乡亲的羊而被大家孤立，最终沦为穷光蛋。

优秀的管理者能够激发员工无限的能力，但是身为一名管理者也必须明白自身职能的界限。

1. 旅游管理者的作用与职能

（1）决策指挥职能

旅游管理者是旅游组织中的领导力量，统一组织内的不同旅游管理者都在自身的范围内行使指挥和决策的权利，优秀的管理者还能够领导下属成员高效实施决策计划。在旅游组织中，不同层次的旅游管理者所承担的职责功能不同。具体而言，旅游管理者在组织中的决策指挥功能体现在以下三个方面：

① 提供方案，制定决策

② 协调关系，沟通渠道

③ 合理利用，调配资源

（2）人际交流职能

旅游业作为服务性行业，强调面对服务对象的交流与沟通。因此，不论是管理者还是一线员工，都需要具备较强的人际关系能力。具体而言，旅游管理者的人际交流职能体现在以下三个方面：

① 旅游组织的代表

管理者对于所处组织具有代表性，高层管理者代表整个组织，中层管理者代表一个部门，基层管理者代表一个基层单位。因此，旅游管理者是旅游组织对外的人际代表。

② 组织内部的沟通媒介

在旅游组织内部，旅游管理者扮演着沟通媒介的角色。其不仅需要向上级汇报任务执行情况，还要与同级的管理者交流各部门情况，更要向下级下达布置任务。

③ 对下级的指挥激励

一名组织内部的管理者，在与下级的人际交流中，不仅是为了起到沟通的作用，更重要的是，通过对下级的激励，充分激发下属的工作积极性，从而带领大家更好、更高效地完成任务。如何分配下属的任务，协调好彼此间的关系；如何建立科学的工作考核标准，实施合理奖惩，调动下级的积极性，这些都是旅游管理者对下级的指挥激励职责，也是旅游管理者人际交流功能的又一体现。

11.2　人格和价值观

Intel 要求所有员工认真倾听客户、供应商和股东的声音，并且必须对他们的要求作出积极反应。Intel 会为员工安排固定车位，包括高层人员在内，车位向来是先到先停。但是有特别为客户保留的停车位。Intel 有一个厂商评鉴制度，定期由 Intel 主要客户为 Intel 打分，所有评鉴的标准都是由这些客户制定的，包括交货、产品供应、客户服务、回应及时性等。"客

户为导向"在企业内部的涉及相当广泛，例如公关部在安排记者采访时，媒体成为客户，就以媒体的需要为导向。公司内部员工之间也有客户的概念，相关联的员工相互之间也成为客户支持的关系。

价值观指引着个体和组织的行为方向，有时影响着一个企业的生死存亡。它越来越受到社会的承认和企业的认可。如何利用正确的价值观，让个体的价值充分体现，让组织获益，这是我们应该认真思考的。

11.2.1 人格

1. 人格的概念、属性和分类

人格，是指人类各种心理特征的整合、统一体，是一个相对稳定的结构。西方语言中"人格"一词多源自拉丁文，有"面具"的意思，暗示了"人格"的社会功能。人格更是体现了一个人的特点和与众不同。

人格具有以下五个属性：

（1）整体性。从某一行为模式中人格所表现出的是该个体整体的心理特性。

（2）稳定性。人格结构是相对稳定的。但这种稳定性也并非完全不可改变，当个体处在不同的情境中，人格可反映出不同的方面，也可以暂时地受到一些事情的制约。

（3）个体性。人格的组合结构是多样的，虽然人与人之间的某些特征可以是相同的，但他们在整体人格的方面还是不同的，具有个体差异性。

（4）动机性和适应性。人格支撑着人的行为，驱动着人针对某一行为的倾向，它也是构成人的内在驱动力的一个重要方面，这种驱动力与生俱来并且与情绪无关，对人的生活具有适应性。

（5）自然性与社会性。人格并非完全孤立存在的，社会文化方面和自然方面都对人格起着重要的影响，也可以说他们也是人格形成的主要因素。总之，人格以个体的生理特点为基础，并在很大程度上受社会文化影响。

社会上对于人格的划分，有很多的说法。普遍认可并且关注度较高的划分方法是九型人格说。九型人格包括：完美主义者、给予者、实干者、悲情浪漫者、观察者、怀疑论者、享乐主义者、保护者、调停者。

2. 人格的决定因素

人格的决定因素包括两大方面。

（1）人格的遗传生物因素

人格的遗传生物因素包括：① 遗传因素的影响：a. 染色体和基因。b. 性染色体和性别决定。c. 行为遗传学研究。② 生理因素的影响：a. 脑。b. 生化物质。c. 身体外貌。

（2）人格的环境因素

人格的环境因素包括：① 胎内环境的影响。② 家庭环境的影响。③ 学校教育的影响。④ 社会阶层的影响。⑤ 社会文化的影响。

如果唐僧师徒四人是你的团队的组成人员，你将如何给他们安排工作？

唐僧：严守戒律，目标明确，立场坚定，勇往直前，有时贤愚不分，是非不辨。

孙悟空：桀骜不驯，敢作敢当，富有反抗精神，有勇有谋，爱憎分明，疾恶如仇，好胜心强。

猪八戒：好吃懒做，爱搬弄是非，爱耍小聪明说谎，贪小便宜，喜欢与异性交往，不失忠厚善良，憨厚淳朴。

沙僧：态度随和，任劳任怨，尽职尽责，老实的和事佬。

11.2.2　价值观

1. 价值观的概念、特点和作用

价值观是一种处理事情时判断对错、做选择时取舍的标准。一方面表现为价值取向、价值追求，表现为一定的价值目标；另一方面作为价值尺度和准则，成为人们判断事物有无价值及价值大小的评价标准。价值观一旦确立，便具有相对稳定性。但因为个体处于群体和社会之中，由于群体和社会环境的变化，价值观念又是不断变化着的。原有的价值观念会不断受到新价值观的影响。

价值观的特点包括：

（1）稳定性和持久性

价值观具有相对的稳定性和持久性。在特定的时间、地点、条件下，人们的价值观总是相对稳定和持久的。比如，对某种事物的好坏总有一个看法和评价，在条件不变的情况下这种看法不会轻易改变。

（2）历史性与选择性

一个人的价值观是从出生开始，在家庭和社会的影响下，逐步形成的。一个人所处的社会环境，对其价值观的形成有决定性的影响。

（3）主观性

用以区分好与坏的标准，是根据个人内心的尺度进行衡量和评价的。

价值观的作用：价值观对人们自身行为的定向和调节起着非常重要的作用。价值观决定人的自我认识，它直接影响和决定一个人的理想、信念、生活目标和追求方向的性质。价值观的作用大致体现在以下两个方面：

（1）对动机的导向作用。人们某一行为的动机受价值观的支配，在同样的客观条件下，具有不同价值观的人，其动机不同，由此产生的行为也不相同。只有那些经过价值观判断后被认为是可取的，才能转换为动机，并以此为目标引导人们的行为。

（2）反映人们的认知与需求状况。价值观是人们对客观世界的价值评价体现，它从某个方面反映了人们对人生和世界的认知，反映了人的主观心理。

2. 价值观的类型

人们的经历互不相同，因此会造就多种多样的价值观。行为科学家格雷夫斯曾对企业组织内各式人物做了大量调查，就他们的价值观和生活作风进行分析，最后概括出以下七个等级：

第一级，反应型：这种类型的人只是照着自己基本的生理需要作出反应，而不会考虑其他任何条件。这种人非常少见，实际等于婴儿。

第二级，部落型：这种类型的人对他人或群体产生强依赖性，服从于传统习惯和权势。

第三级，自我中心型：这种类型的人信仰个人主义，自私和爱挑衅，主要服从于权力。

第四级，坚持己见型：这种类型的人对模棱两可的意见不能容忍，难以接受不同的价值观，希望别人接受他们的价值观。

第五级，玩弄权术型：这种类型的人通过摆弄别人，篡改事实，以达到个人目的，非常现实，积极争取地位和社会影响。

第六级，社交中心型：这种类型的人视自己被人喜爱和与人相处重于自己的发展，容易受现实主义、权力主义和坚持己见者的排斥。

第七级，存在主义型：这种类型的人能高度容忍模糊不清的意见和不同的观点，对制度和方针的僵化、空挂的职位、权力的强制使用，敢于直言。

在这个等级分类出现以后管理学家迈尔斯等人对照美国就业现状研究后，他们认为：一般企业人员的价值观分布于第二级和第七级之间，并且对于管理阶层的人员而言，过去他们大多属于第四级和第五级，现在这一情况已发生变化，这两个等级的人渐被第六、七级的人取代。

3. 企业价值观的作用

企业价值观对企业的成长具有极大的作用，主要表现在以下方面：

（1）企业价值观是企业的生存与发展的精神支柱。企业价值观一经确立即成为全体成员的共识，成为企业领导者与员工判断事物行为的标准，甚至会成为信念，对企业具有持久的精神力量。当个体的价值观与企业价值观一致时，员工就会把企业目标与自我理想等同起来。企业的发展过程中，总会在不同阶段遭遇顺境和坎坷，一个企业如果能使其价值观被全体员工接受，并以之为自豪，那么企业就具有了克服各种困难的强大的精神支柱。

（2）企业价值观体现了企业的基本特性。在不同的时期与背景条件下，总会存在被人们普遍视为最根本、最重要的价值观念，并以此作为大众价值判断的基础。企业价值观决定着企业的个性，规定着企业的发展方向。例如，如果一家企业把利润作为基本的价值观，那么当利润和创新、信誉发生矛盾和冲突时，它会很自然地选择前者，使创新和信誉服从利润的需要。

（3）企业价值观能够规范与引导企业及员工行为。企业价值观能够规范企业领导者及其员工的行为，使企业员工容易在某些问题上达成共识。企业价值观从确立到对员工行为发挥规范作用，不是通过制度、规章等硬性管理手段实现的，而是通过群体的共同意识塑造氛围来实现的。

（4）企业价值观能产生凝聚力，激励员工释放潜能。企业的活力是企业合力作用的结果。企业合力越强，所引发的活力越强。

那么，塑造企业价值观的途径是什么？

第一，企业领导人以身作则。价值观的塑造需要企业领导人的倡导与宣传，经过不断地潜移默化后，员工才能逐渐接受并将价值观内化。

第二，建立与价值观相配套的机制。员工的企业价值观并非天生，而是需要企业的灌输与宣传。因此，在企业日常经营管理过程中要将企业价值观渗透到每一环节。

第三，将价值观塑造为企业精神。任何一家成功的企业都拥有自己的企业精神。包括了一个企业所应有的企业传统、时代意识、基本信念、价值观、理念。

共同的价值观决定了一家企业的基本特征，使其与众不同。同样，这些共同价值观创造出企业员工的独特性，使他们感受与众不同。更重要的是，这样的价值观不仅在高级管理者的心目中，而且在企业绝大多数人的心目中，成为一种精神力量。它是整个企业生存的基础，也是企业追求成功的精神动力。

11.2.3　需要、动机、激励三者间的关系

案例 11-5

A服装厂因市场不景气，经济效益开始下降，工厂负责人王总认真分析各种原因。他发现从去年2月份开始发给每人的每月50元平均奖并没有提高大家的积极性，便决定取消这笔奖金，以减少成本。可是消息刚一传出，职工们就怨声载道，生产效率也明显降低。然而，张厂长得知这个情况，一方面，一边撤销了王总的这一决定，一方面派人贴出了奖赏制度——奖赏各个给工厂提供的良方贤策的人。这样一来，全厂职工活跃起来，生产效率也大幅度提高，销售量也大增，从而使工厂走出困境。

分析：为什么王总给企业带来了更大的危机，而张厂长挽救了工厂？

1. 激励

激励，就是组织通过设计适当的外部奖酬形式和工作环境，以一定的行为规范和惩罚性措施，借助信息沟通，来激发、引导、保持和规划组织成员的行为，以有效地实现组织及其成员个人目标的系统活动。

（1）激励的特点

通过设计科学的薪酬管理系统，来满足企业员工的各种外在性需要，从而在实现企业目标的基础上实现员工个人目标。在方法上，采用奖励和惩罚并举的激励方法，对员工符合企业期望的行为进行奖励，对不符合企业期望的行为进行惩罚。在渠道方面，信息沟通贯穿于激励工作的始末，通畅、及时、准确、全面的信息沟通可以增强激励机制的运用效果和工作成本。

科学的激励制度具有很强的系统性，它贯穿于企业人力资源管理的全过程。例如，员工的职位评价体系、对员工需要与个性的把握、绩效考核等。因此，可以说激励贯穿企业工作的全过程。科学的激励制度具有吸引优秀人才、开发员工潜能和造就良性竞争环境等作用。

（2）激励的类型

不同的激励类型对行为过程会产生程度不同的影响，所以激励类型的选择是做好激励工作的先决条件。

① 物质激励与精神激励

物质激励作用于人的生理方面，是对人物质需要的满足。精神激励作用于人的心理方面，是对人精神需要的满足。一般来说，当某人达到一定的职业高度后，会从物质需要更多地转向精神需要。

② 正激励与负激励

正激励就是当一个人的行为符合组织的需要时，通过奖赏的方式来鼓励这种行为。负激励就是当一个人的行为不符合组织的需要时，通过处罚的方式来抑制这种行为，以达到减少或消除这种行为的目的。

正激励与负激励二者的取向相反。正激励起正强化的作用，是对行为的肯定；负激励起负强化的作用，是对行为的否定。

③ 内激励与外激励

所谓内激励是指源自于对工作人员内心的激励；所谓外激励是指由外部因素引发的、与工作任务本身无直接关系的激励。内激励使得员工在工作进行过程中获得满足感，员工在工作中锻炼自己、获得认可、自我实现。外激励所获得的满足感与工作任务不是同步的。如果一项工作又脏又累谁都不愿干，但有一个人突然愿意负责此工作，那可能是因为完成这项任务，将会得到一定的外酬——奖金及其他额外补贴，一旦外酬消失，他的积极性可能就不存在了。所以，由外酬引发的外激励是难以持久的。

（3）激励的基本原则

① 目标原则

目标的确立是一个关键环节。目标设置必须正确，必须能够达到组织与员工的共同需要。

② 合理性原则

所谓合理性是指，首先，奖惩要公平；其次，措施适度，能够根据目标本身的价值大小确定适当的激励量。

③ 明确性原则

所谓明确性是指，首先，明确激励的目的是做什么和怎么做；其次，公开员工关注的问题，如工资、奖金等；最后，直观地表达指标、总结和授予奖励和惩罚的方式。

④ 物质与精神激励相结合的原则

物质激励是基础，精神激励是根本。在两者结合的基础上，逐步过渡到以精神激励为主。

⑤ 引导性原则

只有当被激励者产生行动的自觉意愿，才能取得激励效果。引导性原则是激励过程的内在要求。

⑥ 正激励与负激励相结合的原则

正负激励不仅直接作用于当事人，而且会间接影响周围其他人。

⑦ 时效性原则

要把握激励的时机，及时激励，达到最佳效果。

⑧ 按需激励原则

激励是因员工的需要而产生的，但是员工的需要因人而异、因时而异。因此，领导者必须了解员工需要层次和需要结构的变化，有针对性地采取激励措施，才能收到实效。

2. 需要、动机、激励之间的关系

需要是动机的根源，动机是造成行为的动力，而激励则是激发人的动机。

需要与动机密切联系，需要是人积极性的基础和根源，动机是推动人们活动的直接原因。需要转化为动机还要有适当的客观条件，即诱因的刺激，它既包括物质的刺激又包括社会性的刺激。所以，在激励机制的设计中应该充分利用和引导个体的动机。外在激励就是基于个体的外在动机来引导个体的行为。但是，外在激励的效果还受到个体的内在动机的影响，单纯强调外在激励是不可能达到理想的激励效果的。

组织内部行为管理的核心问题是动机与激励。只有了解人类行为的原因，才能预测、激励和控制行为，提高个体行为的积极性。

需要、动机和激励相互作用过程的基本模式：需要（自发的需要和外部激发的需要即激励）—动机—行动—目标—需要满足或需要未满足—新的需要或需要调整或新的激励。

11.2.4　基本的激励理论

激励的目的在于激发人的正确行为动机，调动人的积极性和创造性，以做出最大成绩。而激励理论正是关于如何满足人的各种需要、调动人的积极性的原则和方法的总结。国外许多管理学家、心理学家和社会学家结合现代管理的实践，提出了许多激励理论。这些理论按照形成时间及其所研究的层面不同，可分为行为主义激励理论、认知派激励理论和综合型激励理论三大类。

1. 行为主义激励理论

20 世纪 20 年代，美国风行一种行为主义的心理学理论，其创始人为华生。该理论认为，管理过程的实质是激励，通过激励手段，诱发人的行为。在"刺激-反应"这种理论的指导下，作为激励者需要选择一套适当的刺激，即激励手段，以引起被激励者相应的反应。

新行为主义者斯金纳在后来又提出了操作性条件反射理论。这个理论认为，激励人的主要手段要充分考虑人的因素。具体说来，在激励手段中除了考虑金钱这一刺激因素外，还要

考虑到劳动者的主观因素的需要。例如，获得表扬、避免批评。根据新行为主义理论，激励手段的内容应从社会心理观点出发，深入分析人们的物质需要和精神需要，并使个体需要的满足与组织目标的实现一致化。

新行为主义理论强调，人们的行为不仅取决于刺激的感知，而且也决定于行为的结果。当行为的结果有利于个人时，这种行为就会重复出现而起着强化激励作用。如果行为的结果对个人不利，这一行为就会削弱或消失。所以在教育中运用肯定、表扬、奖赏或否定、批评、惩罚等强化手段，可以对学习者的行为进行定向控制或改变，以引导到预期的最佳状态。

2. 认知派激励理论

认知派认为应该将激励视为对人的需要的研究。要充分考虑到人的内在因素，诸如思想意识、兴趣、价值和需要等。因此，应着重研究人的需要的内容和结构，以及如何推动人们的行为。

认知派激励理论还强调，激励的目的是要确立积极行为，以达到组织的预定目标，取得更好的效益。因此，在激励过程中还应该重点研究如何改造和转化人的行为。这些理论认为，人的行为是外部环境刺激和内部思想认识相互作用的结果。所以，只有将改变外部环境刺激与改变内部思想认识相结合，才能达到改变人的行为的目的。

3. 综合型激励理论

综合型激励理论不同于行为主义激励理论强调外在激励的重要性，也不同于认知派激励理论强调的是内在激励的重要性，而是这两类理论的综合、概括和发展，它为解决调动人的积极性问题指出了更为有效的途径。

最早提出综合型激励理论的是心理学家勒温。他强调，对于人的行为发展来说，外界环境的刺激实际上只是一种导火线，而人的需要则是一种内部的驱动力，人的行为方向是外部环境与内在需要共同作用的结果。如果内部需要不强烈，那么再强的刺激也没有多大的意义。

之后，出现了新的综合型激励模式，提出者是波特和劳勒。他们将行为主义的外在激励和认知派的内在激励综合起来。在这个模式中含有努力、绩效、个体品质和能力、个体知觉、内部激励、外部激励和满足等变量。在这个模式中，激励过程被看成外部刺激、个体内部条件、行为表现、行为结果相互作用的统一过程。一般人都认为，有了满足才有绩效。而他们则强调，先有绩效才能获得满足，奖励是以绩效为前提的，人们对绩效与奖励的满足程度反过来又影响以后的激励价值。很显然，对个体的激励价值愈高，其期望概率愈高，则他完成作业的努力程度也愈大。

在新的综合型激励模式中还进一步分析了个人对工作的满足感与活动结果之间的关系。他们指出，对工作的满足感来源于所获得的激励同期望结果是否一致。如果激励等于或者大于期望所获得的结果，那么个体便会感到满足。如果激励和劳动结果之间的联系减弱，那么人们就会丧失信心。

课后练习

一、填空题

1. 管理的种类很多，分为行政管理、_____、_____、城市管理、卫生管理等。旅游行业同样存在着管理，即旅游管理学是一门研究_____的新兴学科。

2. 出色管理者善于关注事情的_____，善于留意观察身边的人和事，出色管理者善于尊重和关心_____，一个成熟的领导者应该有很强的_____控制能力。

3. 旅游管理者是旅游组织中的_____，统一组织内的不同旅游管理者都在自身的范围内发挥_____和_____的权利，优秀的管理者还能够领导下属成员高效实施_____。

4. 价值观对人们自身行为的_____和_____起着非常重要的作用。价值观决定人的_____，它直接影响和决定一个人的理想、信念、_____和_____的性质。

5. 企业价值观是企业的生存与发展的_____；企业价值观体现了企业的_____；企业价值观能够规范与引导企业及员工行为；企业价值观能产生凝聚力，激励员工_____。

二、名词解释

1. 管理
2. 人格
3. 价值观
4. 激励

三、简答题

1. 一名出色的管理者应该具备哪十大素质？
2. 旅游管理者的作用及职能是什么？
3. 人格的五大属性是什么？
4. 价值观分为哪些类型？
5. 企业可以通过哪些途径塑造价值观？
6. 阐述需要、动机和激励三者之间的关系。

参考文献

[1] 陈筱，张梅，王林. 旅游心理学. 武汉：武汉大学出版社，2012.

[2] 程瑞，洪二丽. 旅游心理学. 北京：对外经济贸易大学，2012.

[3] 徐永清，李长秋. 旅游心理学. 北京：旅游教育出版社，2012.

[4] 徐子琳，严伟. 旅游心理学. 上海：复旦大学出版社，2011.

[5] 马继兴. 旅游心理学. 北京：清华大学出版社，2010.

[6] 孙庆群. 旅游心理学. 北京：化学工业出版社，2010.

[7] 薛群慧. 旅游心理学：理论·案例. 天津：南开大学出版社，2008.

[8] 周静莉. 旅游心理学. 北京：电子工业出版社，2008.

[9] 马莹. 旅游心理学. 北京：中国旅游出版社，2007.

[10] 刘纯. 旅游心理学. 北京：高等教育出版社，2003.

[11] 甘朝有. 旅游心理学. 天津：南开大学出版社，2001.

[12] Helen Palmer（著），徐扬（译）. 九型人格. 北京：华夏出版社，2006.